Matthias Blazek

Die Geschichte des Hamburger Sportvereins von 1887

125 Jahre im Leben eines der populärsten Fußballvereine

Mit einem besonderen Blick auf die Vorgängervereine,
die Frühzeit des Hamburger Ballsports und das Fusionsjahr 1919

Der Hamburger Sportverein ist der einzige Verein, der von sich behaupten kann, immer „erste Klasse" gewesen zu sein: Von 1963 bis heute spielte er ununterbrochen in der 1. Liga. Stets hatte der HSV torgefährliche Mittelstürmer. Berühmt war Tull Harder in den 1920er Jahren, noch berühmter Uwe Seeler. Bei den Fans hieß er nur „Uns Uwe". In der Bundesliga und im Europapokal war der HSV manchmal Spitze. Die besten Spieler jener Zeit waren der Engländer Kevin Keegan („rasender Zwerg") und das „Kopfball-Ungeheuer" Horst Hrubesch. Nach einem Beinahe-Abstieg und großen Wirbel um den Star Rafael van der Vaart strebt der von Huub Stevens trainierte HSV heute wieder einen Platz unter den Besten an.

„Vereine der Bundesliga",
in: Christoph Bausenwein & Ulrich Knauer: Was ist was – Fußballbuch,
Nürnberg 2008, S. 70

* Trainer ist seit 17. Oktober 2011 Thorsten Fink

Matthias Blazek

DIE GESCHICHTE DES HAMBURGER SPORTVEREINS VON 1887

125 Jahre im Leben eines der populärsten Fußballvereine

Mit einem besonderen Blick auf die Vorgängervereine,
die Frühzeit des Hamburger Ballsports und das Fusionsjahr 1919

ibidem-Verlag
Stuttgart

Bibliografische Information der Deutschen Nationalbibliothek
Die Deutsche Nationalbibliothek verzeichnet diese Publikation in der Deutschen Nationalbibliografie; detaillierte bibliografische Daten sind im Internet über http://dnb.d-nb.de abrufbar.

Bibliographic information published by the Deutsche Nationalbibliothek
Die Deutsche Nationalbibliothek lists this publication in the Deutsche Nationalbibliografie; detailed bibliographic data are available in the Internet at http://dnb.d-nb.de.

Umschlaggestaltung, Bildbearbeitung und Satz: Matthias Blazek

Lektorat: Denis Herold, Marco Schulz

Abbildung auf dem Umschlag: Hotel Schadendorf, Gründungsort des Hamburg-Altonaer Fußball-Bundes im Jahre 1894, auf einer Postkarte von 1899, Repro: Blazek. Titelseite des Endspielprogramms Hamburger SV/FC Schalke 04 1958 in Hannover. Repro: Blazek. Titelseite des Endspielprogramms Hamburger SV/1. FC Kaiserslautern 1976 in Frankfurt, HSV-Museum, Foto: Blazek.

Ein herzlicher Dank für die gute Unterstützung geht an Klaus Amrhein, Bernd Beuermann (Bildbearbeitung), Elke Godineau, Dirk Mansen, Niko Stövhase und Burghard Stüben (Bildbearbeitung) sowie Marvin und Maurice Blazek.

∞

Gedruckt auf alterungsbeständigem, säurefreien Papier
Printed on acid-free paper

ISBN-13: 978-3-8382-0387-4

© *ibidem*-Verlag
Stuttgart 2012

Alle Rechte vorbehalten

Printed in Germany

Geleitwort

Wer sagt, dass Dinos ausgestorben sind ...

Der letzte bekannte seiner Art lebt und ist unsterblich!

Die Rede ist natürlich von unserem Hamburger Sportverein. Seit 125 Jahren lebt dieser glorreiche Verein in den Köpfen und Herzen von unzähligen Fans im In- und Ausland.

Wenn das kein Grund zum Feiern ist. Wir Jungs und Mädels vom Fanclub Saxonia 2010 leben und lieben diesen HSV ohne wenn und aber. Über 500 Kilometer entfernt von unserem Wohnzimmer, unserem Volksparkstadion, fiebern wir in guten wie in schlechten Zeiten mit unserer großen Liebe. Deshalb ist es uns eine besondere Ehre, zu diesem neuen Buch etwas beizutragen. Genau wie die Gründung unseres Fanclubs Saxonia 2010, ein Fanclub in und für Sachsen, eine Herzensangelegenheit war, so ist es für uns Stolz und Genugtuung, auch im Kleinen den HSV zu unterstützen und zu feiern.

Deshalb werden wir noch viele Kilometer auf uns nehmen, um ganz nah dabei zu sein, wenn wieder Geschichte geschrieben wird. In diesem Sinne, alles Gute und Erfolgreiche für unseren Dino.

NUR DER HSV!

Glauchau, im März 2012

Thomas Korm

Fanclub Saxonia 2010
Vorsitzender Thomas Korm
Gründelparkweg 08
08371 Glauchau

www.fanclub-saxonia2010.de

Vorwort

Der Hamburger Sportverein – HSV – gehört zu den ältesten deutschen Fußballclubs. Er wurde am 29. September 1887 infolge Zusammenschlusses zweier Sportvereine ins Leben gerufen.

Seine bisher erfolgreichsten Jahre liegen zwischen 1978 und 1984 – dreimal wurde der Verein in diesen Jahren deutscher Meister. In 36 Spielen hintereinander blieb der HSV vom 16. Januar 1982 bis 29. Januar 1983 ungeschlagen – ein bis heute unangefochtener Rekord in der Fußball-Bundesliga. Der Hamburger Sportverein ist der einzige Verein, der seit Bestehen der Bundesliga im Jahre 1963 in jeder Saison erstklassig gespielt hat, also noch nie abgestiegen ist.

Ein berühmter Zögling des Hamburger Sportvereins ist der am 5. November 1936 in der Hansestadt geborene Uwe Seeler, der 1960 zum ersten „Fußballer des Jahres" gewählt wurde. Damals wurde der Hamburger Sportverein zum 22. Mal Norddeutscher Meister, und Uwe Seeler wurde zum dritten Mal deutscher Torschützenkönig (mit 36 Treffern). Außerdem belegte Seeler in dem Jahr Platz 3 bei der Wahl des „Besten Fußballers Europas". Der Titel des deutschen Fußballers des Jahres wurde „Uns Uwe" noch zwei weitere Male, und zwar 1964 und 1970, zuteil.

Im Jahre 2012 kann der Verein nun auf eine eigene 125-jährige Tradition zurückblicken, die in der deutschen Fußballgeschichte nur wenige Parallelen kennt. Und sicherlich gibt es endlos viel zu berichten über diesen Ausnahme-verein; und dennoch gilt es wie überall, Schwerpunkte zu setzen.

Das verfügbare Archivmaterial und die umfangreiche Literatur, besonders aus der zweiten Hälfte des 20. Jahrhunderts, sind für die vorliegende Ausarbeitung herangezogen worden. Die Bundesliga-Abschlusstabellen sind abgedruckt, und vor allem ist die Gründerzeit des Vereins noch einmal besonders dargestellt worden. Auch die Jahre unter nationalsozialistischer Herrschaft sollen in diesem Buch eine neue Bewertung erfahren.

Zudem sei hier der Hinweis erlaubt, dass sich nicht nur im Internet, sondern auch in der Literatur, ein gefährliches Halbwissen breitmacht.

Der Verfasser hat zu diesem Zweck das HSV-Archiv besucht und vorrangig die Unterlagen der frühen Jahre ausgewertet. Dank gebührt Archivmitarbeiter Niko Stövhase, der den Verfasser bei seiner Recherche begleitet hat.

Es steht zu hoffen, dass das Interesse geweckt wird und manche neue Erlebnisperle zum Vorschein kommt. In jedem Fall steht hier eher das historische Detail als eine Darstellung in Anlehnung an die vorliegenden Fan-Editionen im Vordergrund.

Viel Freude an dem vorliegenden Buch wünscht

Matthias Blazek

Gliederung

Abkürzungsverzeichnis

a. a. O.	am angegebenen Orte
bearb.	bearbeitet
d.	der, den
DFB	Deutscher Fußball-Bund
f.	folgend
FC	Fußballclub
HAFB	Hamburg-Altonaer Fußball-Bund
H. F.-C.	Hamburger Fußball-Club von 1888
HSV	Hamburger Sportverein
insb.	insbesondere
M	Mark
m	Meter
Nr.	Nummer
S.-C.	Sport-Club
sen.	senior
TOP	Tagesordnungspunkt
u. a.	unter anderem
v.	von
z. B.	zum Beispiel

Als der Fußball laufen lernte

England, dessen Fußballverband auch heute noch den Namen „The Football Associaton" trägt, darf wohl als „das Mutterland des Fußballs" bezeichnet werden, wenngleich es regelrechte Ballspiel-Kulturen schon lange zuvor gegeben hatte. Diese können durchaus als „Vorboten" des modernen Fußballs angesehen werden. In England wurde der Fußballsport als Beruf bereits im Jahre 1885 eingeführt.[1]

Die Einführung des Fußballs in Deutschland ist auf englische Wurzeln zurückzuführen. Es wurde vornehmlich in Handelszentren, wie Hamburg, Berlin und Frankfurt, in Residenzstädten, wie Hannover, Braunschweig und Dresden, und in Modebädern, wie Baden-Baden, Wiesbaden und Cannstadt (Württemberg), Fußball gespielt.[2] In Neuwied am Rhein kam es mit englischen Spielern zum ersten Spiel in Deutschland, welchem der spätere Gründungsvorsitzende des Deutschen Fußball-Bundes (DFB), Ferdinand Hueppe (1852-1938), beiwohnte.[3] Fast immer wurden die einheimischen Jugendlichen von den englischen Schülern zum Mitspielen aufgefordert, da ihre Mannschaft hohen Fluktuationen unterworfen war und die Anzahl der Mitspieler einfach nicht ausreichte.

Mit dem von britischen Geschäftsleuten gegründeten Bremer Football-Club wurde 1880 der erste „reine" Fußballclub in Deutschland ins Leben gerufen, in dem ausschließlich die Association-Variante (das war die Soccer-Variante), also ohne Aufheben mit der Hand, gespielt wurde.[4] Der heute nicht mehr bestehende Club forderte häufig die Besatzungen der englischen Schiffe, die im Bremer Hafen lagen, zu Spielen heraus.[5]

Als ältester Rasensportverein Deutschlands gilt allerdings Hannover 78, den einheimische Pennäler gegründet hatten, um gegen die Engländer ein echtes Wettspiel durchführen zu können. Niemand außer ihnen hatte diesen Zusammenschluss registriert. Dennoch hielt dieses „Grüppchen" zusammen und wurde danke der Initiative ihres Spielführers Ferdinand Wilhelm Fricke (1863-1927) später ein richtiger Verein. Im „Jahrbuch für Volks- und Jugendspiele" heißt es 1902: „Der deutsche Fußball-Verein in Hannover, der schon seit 1878 besteht und wohl der älteste deutsche Spielverein ist, hat auch im letzten Jahre eine rege

---

[1] BERND ROHR/GÜNTER SIMON (Hrsg.), Fußball-Lexikon: die große Fußball-Enzyklopädie, München 2004, S. 10.

[2] Vgl. CHRISTIANE EISENBERG, Fußball, soccer, calcio – Ein englischer Sport auf seinem Weg um die Welt, München 1997, S. 99.

[3] Vgl. HANS DIETER BAROTH, Als der Fußball laufen lernte, Essen 1992, S. 12. Prof. Dr. Ferdinand Hueppe war Gründungsmitglied und erster Präsident des DFB (1900-1904). Vgl. HOLGER JOEL/ERNST CHRISTIAN SCHÜTT, Die Chronik des deutschen Fußballs – Die Spiele der Nationalmannschaften von 1908 bis heute, Gütersloh/München 2008, S. 341.

[4] Vgl. BRIAN GLANVILLE, A History of the Game, its Players and its Strategy, New York 1968, S. 44.

[5] Vgl. BAROTH, a. a. O., S. 35.

Tätigkeit entfaltet und zu Ostern bei dem Besuche einer schottischen Spielriege seine Tüchtigkeit glänzend erwiesen."[6]

Ab 1884 galt dann Berlin als die große Fußballstadt Deutschlands. Man fand aufgrund der zahlreichen Exerzierplätze, die das preußische Militär den Fußballern zur Verfügung stellte, den für den Fußball nötigen Raum vor. Ende der 1880er Jahre wurden in ganz Deutschland private Fußballvereine gegründet, die meistens aus ehemaligen Schülermannschaften hervorgingen und die immer Association-Fußball spielten, welches im allgemeinen Sprachgebrauch nun Fußball genannt und vom Rugby unterschieden wurde. So können beispielsweise namhafte Clubs, wie der Hamburger SV (1887), Hertha BSC Berlin (1892), der VfB Stuttgart (1893) oder der Karlsruher SC (1894), auf Schülerfußballmannschaften als Wurzeln zurückblicken. Und in Berlin wurde am 15. April 1888 der heute noch bestehende FC Germania Berlin (Sitz in Tempelhof), gegründet.

Da sich der Fußball seit seiner Einführung von Konrad Koch (1846-1911)[7], dessen Leben 2010 für das Kino verfilmt worden ist, und anderen Initiatoren zum beliebtesten Sport unter den Jugendlichen entwickelte, versuchten überzeugte Turner, gegenzusteuern. In erster Linie versuchten sie, auf den schwindenden Mitgliederzuspruch in der Deutschen Turnerschaft zu reagieren.

Die 1868 gegründete Deutsche Turnerschaft war immer noch der mitgliederstärkste Verband in Deutschland und behielt sich somit das Recht vor, die deutschen Ideale, im Zusammenhang mit Leibesertüchtigungen, zu definieren.[8]

Fußballspielbetrieb seit ...

1. Hamburger SV 29.09.1887	12. Schalke 04 04.05.1904
2. Hertha BSC Berlin 25.07.1892	13. SC Freiburg 30.05.1904
3. VfB Stuttgart 09.09.1893	14. Bayer 04 Leverkusen 01.07.1904
4. Karlsruher SC 06.06.1894	15. FSV Mainz 05 16.03.1905
5. Hannover 96 12.04.1896	16. Arminia Bielefeld 03.05.1905
6. Werder Bremen 04.02.1899	17. Borussia Dortmund 19.12.1909
7. Eintracht Frankfurt 08.03.1899	18. VfL Bochum 15.04.1938
8. TSG Hoffenheim 01.07.1899	19. VfL Wolfsburg 12.09.1945
9. Bayern München 27.02.1900	20. 1. FC Köln 13.02.1948
10. 1. FC Nürnberg 04.05.1900	21. Energie Cottbus 19.04.1963
11. Borussia Mönchengladbach 01.08.1900	

---

[6] Jahrbuch für Volks- und Jugendspiele, hrsg. von EMIL FREIHERR VON SCHENKENDORFF und Dr. med. FERDINAND AUGUST SCHMIDT, 11. Jahrg., Leipzig 1902, S. 290.

[7] 1874 wurde das Fußballspiel erstmals in Deutschland von Dr. Konrad Koch eingeführt, einem Professor am Herzoglichen Gymnasium Martino-Katharineum in Braunschweig. 1876 legte Koch die ersten deutschen Fußballregeln vor. Auf Bestreben von Konrad Koch und August Hermann wurde am 19. November 1890 in Berlin der Deutsche Fußball- und Cricket-Bund gegründet (Braunschweig Stadtmarketing GmbH; MALTE OBERSCHELP, Der Fußball-Lehrer: Wie Konrad Koch im Kaiserreich den Ball ins Spiel brachte, Göttingen 2010).

[8] CHRISTOPH BREMER, Fußball ist unser Leben!? Ein Zuschauersport und seine Fans, diplomica, Band 10, hrsg. von Björn Bedey, Marburg 2003, S. 21. Vgl. MATTHIAS BLAZEK, „Frisch, fröhlich, frei – Die Anfänge des deutschen Turnerwesens (2009), bei *www.dtb-online.de.*

Hamburg – eine Stadt des Sports

Für Freunde des Sports – also sowohl für aktive Sportler als auch für begeisterte Zuschauer – bietet Hamburg immense Möglichkeiten.

Zuschauersport

Fußball

Zwei traditionsreiche Fußballvereine gibt es in Hamburg: den HSV und den FC St. Pauli. Der Hamburger Sport-Verein (HSV) wurde 1887 gegründet und war wiederholt Deutscher Fußballmeister, zuletzt 1983. Die Bundesligaspiele des HSV finden in der AOL-Arena, dem früheren Volksparkstadion, statt. Allenthalben beliebt ist der FC St. Pauli mit einer eingefleischten Fangemeinde, die ihren Club bei Auf- und meistens Abstieg begleitet. Dafür ist die Stimmung im Stadion am Millerntor einmalig.

Pferdesport

Pferdesport hat in Hamburg eine lange Tradition. In Horn gibt es eine Galopprennbahn, auf der alljährlich am ersten Sonntag im Juli das Deutsche Derby stattfindet – ein gesellschaftliches Ereignis, zu dem sich die Schönen und Reichen treffen.

Auf der Trabrennbahn am Volkspark finden zweimal pro Woche Rennen statt. Spring- und Dressurreiten kann man sich auf dem Derbyplatz in Klein Flottbek, Baron-Voght-Straße, ansehen.

Tennis

Hamburg ist Sitz des Deutschen Tennis-Bundes (DTB) und alljährlich Austragungsort der Internationalen Tennismeisterschaften von Deutschland. Der Wettbewerb wird im weltbekannten „Club an der Alster" am Rothenbaum ausgetragen. Das Stadion bietet über 11 000 Zuschauern Platz.[9]

Und außerdem:

Auf der Außenalster werden mehrmals im Jahr Ruder- und Segelregatten veranstaltet. Außerdem präsentiert Hamburg im Eishockey und im Handball gelegentlich Erstligamannschaften. Der Handball Sport Verein Hamburg wurde 1999 gegründet und übernahm die Bundesligalizenz des VfL Bad Schwartau, mit dem er bis 2002 eine Spielgemeinschaft bildete (SG VfL Bad Schwartau-Lübeck). Im Jahr 2002 wurde diese Spielgemeinschaft gelöst, und der HSV zog nach Hamburg um. Der Verein wurde 2011 Deutscher Meister.

Der Hamburger Sportverein (HSV) zählt aktuell (31. März 2012) 70 920 Mitglieder und 32 Abteilungen und ist damit der drittgrößte Sportverein Deutschlands. Zum Vergleich: Am 1. Januar 1996 wurden noch 7294 Mitglieder gezählt. Abteilungen des HSV sind – neben der berühmten Fußballmannschaft:

Badminton, Baseball, Eishockey, Golf, Handball, Hockey, Rollstuhlsport, Tischtennis, Volleyball

---

[9] WIELAND HÖHNE, Hamburg, Ostfildern 2000, S. 105.

Komitee für Laufsport

Bereits zu Jahresbeginn 1880 wurde von sechs Hamburgern, Söhnen erster Hamburger Patrizierfamilien, die auch später noch in der Hamburger Kaufmannschaft „allergrößte Achtung und Ansehen" genossen, das „Komitee für Laufsport" in Hamburg gegründet. Hieraus entwickelte sich der Hamburger Sportclub, ein Pionier des Rasensports in Norddeutschland.

Das Komitee organisierte schon bald erste „Leichtathletik-Meetings", denen aus Gründen der Volkstümlichkeit Pferde- und Radrennen beigegeben wurden. Damit folgte man dem Londoner Beispiel, wo bereits 1864 ein solches Meeting stattgefunden hatte. Den ersten Laufwettbewerb organisierte das Komitee für Laufsport auf einer Pferderennbahn, der „Horner Pferdebahn".

Im Reitsportblatt „Der Sporn" vom Juni 1880 lesen wir: „Fußsport in Hamburg! Im letzten Winter bildete sich in Hamburg ein Komitee, bestehend aus einigen jungen Leuten, mit der hauptsächlichen Absicht, den in Deutschland noch sehr vernachlässigten Laufsport zu fördern. Von diesem Komitee wurde am verflossenen Sonntag, den 6. Juni, auf der freundlichst zur Verfügung gestellten Horner Rennbahn ein erstes Meeting abgehalten, welches unter sehr zahlreicher Beteiligung in allgemein befriedigender Weise verlief. Es waren sieben Konkurrenzen ausgeschrieben und wurde die Hauptnummer auf dem Programm, der Große Preis von Horn, Wert 70 Mark, Distanz 100 Yards, von F. Eiffe, das Große Handicap, Wert 50 Mark, Distanz ca. 120 Yards, von F. Loesener und das Dauerrennen, Wert 30 Mark, Distanz 1610 Meter (eine englische Meile), von A. Arning gewonnen. (...)"

Im Jahre 1884 wurden der Hohenfelder und der Wandsbek-Marienthaler Sportclub gegründet. Diese Vereine, die eine enge Verbindung mit dem Hamburger Sportclub pflegten, waren finanziell gut gerüstet. Es lohnt sich, die Programme, Pressebesprechungen und die Abwicklung des Sportfestes im Jahre 1884 einer eingehenden Betrachtung zu unterziehen. Es handelte sich durchweg um „Leichtathletik-Meetings", denen aus Gründen der Volkstümlichkeit Pferde- und Radrennen beigegeben wurden.

Orte dieser Veranstaltungen waren die dafür hergerichteten Plätze am Schultzweg (später Postamt 1) und in Wandsbek-Tonndorf. Eine Besprechung des „Hamburgischen Correspondenten" aus dem Jahr 1885 nennt diese Meetings unterhaltsam und amüsant. Diese „Feste" wurden großzügig aufgezogen und mit einer Vielzahl an Preisen und Dekorierungen bedacht. Das „Entree" bewegte sich zwischen 1 und 4 Mark, wofür man während der Wettkämpfe auch eine erstklassige Musikkapelle hören konnte.

Als Siegerpreise wurden Trinkhörner, antike Humpen, Rauchtische, Aschenbecher, Tintenfässer, Bronzen und Nippesfiguren gegeben. Die Veranstaltungen, die auch aus dem Gebiet des Deutschen Kaiserreichs und dem Ausland beschickt wurden, schlossen meist mit einem erheblichen Defizit ab, das dann im Umlageverfahren von den Mitgliedern der beteiligten Klubs getragen wurde.

Der eigentliche Begründer dieser Meetings war das Ehrenmitglied des Sport-Clubs Germania von 1887, des Hamburger Fußball-Clubs von 1888 (ab 1912) wie auch später des HSV, wo er 1937 ältestes Vereinsmitglied war, Franz Ferdinand Eiffe (1860-1941).

Franz Ferdinand Eiffe, Sohn des gleichnamigen Senators, war ein Kaufmann und Hamburger Abgeordneter. Er war als Kaufmann im südlichen Afrika tätig, er war aktiv beteiligt an dem Versuch, einen Hafen für die Burische Republik Transvaal bei Lourenço Marques in der portugiesischen Kolonie Mosambik zu errichten. Von 1904 bis 1918 gehörte Eiffe der Hamburgischen Bürgerschaft an. Von 1904 bis 1928 war er Mitglied der Deputation für Handel, Schifffahrt und Gewerbe. Von 1915 bis 1916 war Eiffe Leiter der deutschen Sanitäts-Mission im Königreich Bulgarien.[10]

Bild rechts: Franz Ferdinand Eiffe (1860-1941), Ehrenmitglied des Sport-Clubs Germania von 1887, des Hamburger Fußball-Clubs von 1888 und des HSV, im Jahre 1905.

Wie oben zu sehen, holte sich Eiffe schon 1880 die ersten sportlichen Lorbeeren. Er verstand es, die jüngere Generation der Hamburger Kaufmannschaft für den Sport zu interessieren, die sich dann gerne seiner Führung unterstellte und so Bahn brechend auf leichtathletischem Gebiet wurde.

In diese Zeit fällt auch das erste Wirken des verdienstvollen Turnlehrers Dr. Albert Wilms vom Wilhelm-Gymnasium, der bereits seit längerer Zeit ein überzeugter Anhänger des Fußballspiels war und seine Schüler für diesen neuen Sport zu begeistern verstand. Die von ihm herausgegebenen ersten Fußballregeln hatten mit dem heutigen Fußball herzlich wenig gemein, aber diese Spielordnung, die ein Gemisch zwischen Association und Rugby war, bezweckte immerhin eine gewisse Ordnung, die nun einmal zu einem Spielbetrieb gehört.[11]

---

[10] Deutsche Biographische Enzyklopädie, Ausg. 3, München und Leipzig 2000, S. 59.
[11] „Ein Menschenalter im Dienste des Sports", in: Festschrift 50 Jahre HSV 1887-1937, S. 8 f. HSV-Archiv.

Die Erfolgsgeschichte

Der Hamburger SV selbst nennt in seiner Satzung den 29. September 1887 als eigenes Gründungsdatum. Jedoch fand die eigentliche Gründung des HSV erst am 2. Juni 1919 statt. An diesem Tag kam es zum Zusammenschluss der drei Vereine SC Germania von 1887, Hamburger Fußball-Club von 1888, welcher sich seit dem 26. Februar 1914 Hamburger Sport-Verein von 1888 nannte, und FC Falke 1906 aus Eppendorf. Da der HSV jedoch explizit die Tradition seiner drei Vorgängervereine fortsetzt, ist in der Satzung unter § 1, Absatz 2, Satz 2 festgelegt: „Als Gründungstag gilt der 29. September 1887."

Im Folgenden sollen die einzelnen Vorgängervereine einmal ausführlich porträtiert werden, soweit es die Unterlagen im HSV-Archiv an der Sylvesterallee 7 in Hamburg-Bahrenfeld zulassen. Handschriftliche Aufzeichnungen aus der Wilhelminischen Zeit fehlen dort; dafür findet sich für jeden der Vorgängervereine eine Handakte in einem verschließbaren Stahlschrank, darüber hinaus die eingebundenen Vereinsmitteilungen dieser Vereine, wie auch des neuen Vereins ab 1919.

Sport-Club Germania von 1887

Erster Stammverein war der Sport-Club Germania von 1887.

Der SC Germania war am 29. September 1887 durch den Zusammenschluss des Hohenfelder Sportclubs und des Wandsbek-Marienthaler Sportclubs entstanden. Beide Vereine waren im Jahre 1884 gegründet worden und reine Leichtathletikvereine – zwei Wegbereiter der Leichtathletik im Hamburger Raum. Gründungsmitglieder waren vor allem Schüler des Matthias-Claudius-Gymnasiums in Wandsbek. Die Vereinsfarben waren Schwarz und Blau, mit einem großen G als Monogramm. Wandsbek gehörte damals noch nicht zu Hamburg, sondern zu Preußen.[12]

In den ersten Jahren wurde bei der „Germania" fast ausschließlich Leichtathletik getrieben. In „Körper stählenden Leibesübungen", wie man damals die Laufveranstaltungen nannte, wurden beachtliche Ergebnisse erzielt, und der Name „Germania" hatte in Deutschland bald einen guten Klang. Aber durch die in Hamburg zahlreich wohnenden jungen Engländer, die ihren Nationalsport nur ungern missen wollten, wurde die Frage des Fußballspiels immer dringender.

Im Jahre 1891 traten einige dieser Engländer der „Germania" bei, und in kurzer Zeit war man in der Lage, zwei Fußballmannschaften aufzustellen. Die damaligen Hamburger Stadtväter standen diesem neuen Sport eher ablehnend gegenüber, und so spielte man meistens draußen auf Wandsbeks Gefilden.[13]

Fußballplätze, wie sie heute klar strukturiert genutzt werden, gab es noch nicht – eine Weide oder Wiese wurde gepachtet, zwei Tore aufgestellt, und das Spiel

---

[12] ROGER REPPLINGER, Leg dich, Zigeuner: die Geschichte von Johann Trollmann und Tull Harder, München 2008, S. 67.

[13] Festschrift 50 Jahre HSV 1887-1937, S. 10. HSV-Archiv. Daraus auch, sofern nicht anders angegeben, die nachfolgenden zusammenfassenden Darstellungen.

konnte beginnen. Von Markierungen, wie Strafraum, 16-Meter-Linie, Anstoß-punkt und so weiter, war nichts zu bemerken, denn die Hauptregeln waren Geschicklichkeit und Körperkraft.

Nachrichten aus dem Jahr 1892 liegen nicht vor. Das liegt gewiss daran, dass am 15. August des Jahres in Hamburg die Cholera ausbrach, die sich wenige Tage später über das gesamte Stadtgebiet ausbreitete und insgesamt fast 20000 Kranke und 8000 Tote forderte.[14]

Der Mangel an Zuschauern ließ vorerst die Frage der Erhebung eines Eintrittsgeldes noch offen. Im Jahre 1893 trug „Germania" das erste Fußball-Wettspiel aus, das mit einem nicht erwarteten Triumph endete. Der Hamburger Fußballclub „Association", ein soeben gegründeter und anerkannt spieltüchtiger Verein aus Eilbeck (so die damalige Schreibweise), wurde mit dem glänzenden Ergebnis von 17:0 geschlagen.[15]

Aber auch die anderen damals bestehenden Vereine, die später wieder eingingen, mussten die Überlegenheit „Germanias" anerkennen. Die Platzfrage war nicht leicht zu lösen, weil die maßgeblichen Behörden eine eher ablehnende Haltung zeigten. Endlich fand man auf der ehemaligen Rennbahn am Mühlenkamp das geeignete Gelände. Nun konnte man daran denken, einen vorschriftsmäßigen Sportplatz herzurichten. An die Opferwilligkeit der Mitglieder wurden zwar große Ansprüche gestellt, aber in kürzester Zeit stand das Werk, das dem SC Germania Ruhm und Ansehen einbringen sollte.

Am 1. Juli 1894 fand in Hamburg die erste „Meisterschaft vom Kontinent" über 100 Yards statt. Hier gewann Max Tiedmann vom SC Germania in 10,4 Sekunden und wurde damit der erste Leichtathlet des Vereins, der eine Meisterschaft errang. Am 29. September 1895 errang der für Hamburg angetretene Engländer J. W. Stürken bei der „Meisterschaft von Deutschland" den Titel über 100 Yards in 10,8 Sekunden. Zu den ersten Olympischen Spielen der Neuzeit reiste auch ein Hamburger Leichtathlet: Friedrich Adolph „Fritz" Traun (1876-1908) vom SC Germania startete über 800 Meter, schied allerdings als Vorlaufdritter aus. Nach seinem Ausscheiden beteiligte er sich noch am Olympischen Tennisturnier von 1896. Mit dem Einzel-Olympiasieger John Pius Boland (1870-1958) spielte er Doppel und gewann gegen das griechische Herrendoppel Dionysius Kasdaglis/Demetrios Petrokokkinos mit 6:2 und 6:4 und wurde Olympiasieger.

Friedrich Adolph („Fritz") Traun, übrigens später Dr. phil. nat., wurde am 29. März 1876 in Wandsbek geboren. Der Patriziersohn war als Leichtathlet Mitglied des SC Germania von 1887. Er war Olympia-Teilnehmer 1896 über 800 Meter (Vorlauf: ca. 2:14,0 Min.), im Tennis-Einzel (in der Vorrunde ausgeschieden) und Tennis-Doppel (Gold zusammen mit dem irischen Juristen und

---

[14] Vgl. SILKE R. LASKOWSKI, Das Menschenrecht auf Wasser, Tübingen 2010, S. 471.

[15] Der Fußballclub FC Association 1893 Hamburg bestand nur von 1893 bis 1900. Vereinsvorstand Henry Pape war 1894 an der Gründung des Hamburg-Altonaer Fußball- und Cricket-Bundes beteiligt, dem sich FC Association anschloss. Der Verein beteiligte sich zwar noch an der Gründung des DFB am 28. Januar 1900 in Leipzig, zog sich aber noch im Lauf der Herbstserie 1899/1900 aus den Ligaspielen zurück und löste sich wenig später auf.

Politiker John Pius Boland). Traun erzielte Deutsche Rekorde: 800 Meter 2:08,8 Minuten (Berlin 30. Juni 1895/n.a.), 2:14,0 Minuten (Athen 6. April 1896), 1000 Meter 2:50,2 Minuten (Dresden 21.7. 1895), 2 Meilen (DAAV) 11:43,0 Minuten (Berlin 13. August 1893), ½-Meile in 2:08,8 Minuten (1895), Weit mit 6,00 Meter (1897), und er hatte auch Erfolge als Bobfahrer. Seine persönlichen Bestleistungen waren: 100 Meter: 12,1 Sekunden (1894), 400 Meter in 60,2 Sekunden (1895), 880 Yards in 2:08,8 Min. (Berlin 30. Juni 1895), 1000 Meter in 2:50,2 Minuten (Dresden 21. Juli 1895), 1 Meile in 5:01,0 Minuten (Berlin 26. August 1894), 2 Meilen in 11:43,0 Minuten (Hamburg 13. August 1893), Weit 6,00 Meter (Baden-Baden 30. Juli 1897). Sein Tod am 11. Juli 1908 in Hamburg wird als Freitod infolge „geistiger Umnachtung" umschrieben.

Sein Bruder Otto, ebenfalls vom SC Germania von 1887, war auch ein erfolgreicher Leichtathlet. Seine persönlichen Bestleistungen: 100 Yards in 10,2 Minuten (Amsterdam 17. Oktober 1889), 440 Yards: 56,6 Minuten (Amsterdam 11. Oktober 1890). Er war auch als Eisschnellläufer aktiv: 1000 Meter in 2:04,6 Minuten (Hamburg-St. Pauli/Heiligengeistfeldbahn 21. Januar 1891).

Aus einem Wettspiel am 13. Oktober 1894, „auf einem vorschriftsmäßigen Felde" auf der Horner Rennbahn, ging „Germania" als überlegene Siegerin hervor, berichtet das „Hamburger Fremdenblatt" in seiner Ausgabe vom 31. Mai 1913.

Am 8. Dezember 1894 (auch der 24. November 1894 wurde genannt) trat der SC Germania 1887 dem Hamburg-Altonaer Fußball-Bund (HAFB) bei.

Dieser war im Oktober 1894 von Hermann Hambrock (Altonaer FC von 1893), Wilhelm Schaaf und Bruno Krutisch (Hamburger Fußball-Club von 1888), Henry Pape (FC Association 1893) und Stuhlmann sen. (Borgfelder FC 1894) gegründet worden.[16]

Sinn und Zweck der neuen Dachorganisation war es, die damals schon verhältnismäßig zahlreichen Hamburg-Altonaer Vereine in regelmäßigen Meisterschaften gegeneinander spielen zu lassen und auch nach außen hin den in Berlin, Frankfurt und anderen Orten bestehenden Verbänden kräftig gegenüberstehen zu können.

In diesem Jahr sah Hamburg dank der sportlichen Rührigkeit der „Germania" auch den ersten auswärtigen Gegner, den längst vergessenen, aber damals zur Berliner Elite zählenden Berliner FC Frankfurt. Mit Gründungsdatum 5. Mai 1885 war dieser Verein einer der frühesten deutschen Fußballclubs, der zudem 1898 Meister des Berliner „Allgemeinen Deutschen Sport Clubs" wurde.

Das besagte Spiel fand auf dem Altonaer Exerzierplatz, dem späteren Schauplatz des ersten Spieles um die Deutsche Fußballmeisterschaft, statt und endete mit einem 9:0-Sieg für „Germania".

---

[16] Gegründet wurde der Verband im Hotel Schadendorf, Ecke Steindamm/Große Allee, unter dem Namen „Hamburg-Altonaer Fußball- und Cricket-Bund". Ältere Sekundärquellen sprechen vom 12. Oktober (Festschrift 25 Jahre Norddeutscher Sportverband e.V. 1905-1930), jüngere aber vom 20. Oktober 1894 (KLEMENS KARL WILDT, Daten zur Sportgeschichte, Teil II: Europa von 1750 bis 1894, S. 115).

1895/96 organisierte der HAFB die ersten Meisterschaftsspiele. Das erste Punktspiel in Hamburg/Altona fand am 1. September 1895 statt, Altona 93 unterlag
dem FC Association mit 0:5. Tabellenführer wurde „Germania", und zwar vor
dem Hamburger Fußball-Club von 1888, der 7 Punkte bei einem Torverhältnis
von 15:19 erzielte. In einem Beitrag zum 25-jährigen Bestehen des Hamburger
Fußball-Clubs von 1888 heißt es in diesem Zusammenhang über „Germania":
„Dessen englische Mannschaft war anfangs natürlich weit voraus und es erregte
Erstaunen, daß der H. F.-C. gegen die Germanen nur 5:0 verlor und bei der
Wiederholung sogar 0:0 spielte, allerdings waren die Germanen nur 9 Spieler,
die Meisterschaft hatten sie längst sicher, aber es war doch ein großer Erfolg."[17]

Sport-Club Germania von 1887, undatiert. HSV-Archiv

Der HAFB war der erste Verband außerhalb Berlins, der Meisterschaftsspiele
auf deutschem Boden durchführte. An der ersten Meisterschaftsrunde mit Hin-
und Rückspielen nahmen die oben genannten fünf Vereine teil. Meister wurde
ungeschlagen „Germania", dessen Mannschaft im Endspiel dem Altonaer Fußball-Club von 1893 gegenüberstand. Die Spieler „Germanias" setzten sich damals überwiegend aus Ausländern, meistens Engländern, zusammen, die mit
dem Spiel vertraut waren und in acht Spielen ebenso viele Punkte Vorsprung vor
dem Tabellen-Zweiten herausholen.

In der folgenden Saison 1896/97 nahmen bereits acht Mannschaften an der
Meisterschaft teil, wovon sich eine nach der Vorrunde nach dem Austritt etlicher
Spieler zurückziehen musste, und ein weiterer Club soll sich am Saisonende
aufgelöst oder zumindest vom Spielbetrieb zurückgezogen haben. Bereits vor
Saisonbeginn hatte ein neunter Teilnehmer auf eine Teilnahme an den Punkt-
spielen verzichtet.

---

[17] RUDOLF KÖHN (vom St. Georger FC), „Zum Jubiläum des Hamburger F.-C. v. 1888", in:
Spiel und Sport vom 28. Mai 1913.

Die „Germania" konnte den Meistertitel gegen Altona 93 und den inzwischen neu aufgenommenen St. Georger Fußball-Club von 1895 erfolgreich verteidigen. Dann setzte aber ein leichter Rückschlag ein, denn Altona 93 drängte mächtig nach vorn und konnte nach zähen Kämpfen 1898 die Meisterschaft erringen.

„Germania" und Altona 93 waren in den ersten Jahren des Groß-Hamburger Verbandes die alleinigen Titelträger: 1895/96 SC Germania, 1896/97 SC Germania, 1897/98 Altona 93, 1898/99 Altona 93, 1899/1900 Altona 93, 1900/01 SC Germania, 1901/02 SC Germania, 1902/03 Altona 93, 1903/04 SC Germania, 1904/05 SC Victoria.

Im Jahre 1898 wurde auch für die II. Mannschaften ein Wanderpreis gestiftet, der dreimal gewonnen werden musste, ehe er in den endgültigen Besitz eines Vereins überging.

Als am 29./30. Januar 1898 in Berlin die „Deutsche Sport-Behörde für Athletik" gegründet wurde, deren Tätigkeit der heutige Leichtathletikverband fortsetzt, wurde bereits ein Vertreter Hamburgs, Alfons Brackenhöft, in den Vorstand gewählt.[18] 1899 finden wir dort den Herrn Traun von der „Germania" vertreten, das war der aus Wandsbek stammende Olympionike von 1896, Friedrich Adolph Traun.

Postkarte vom IX. Deutschen Turnfest in Hamburg, 23.-27. Juli 1898. Repro: Blazek

Franz Duhne vom SC Germania 1887 wurde 1898 und 1899 Deutscher Leichtathletik-Meister über 1500 Meter (4.26,2 Min. bzw. 5.01,0 Min.). Vereinskollege Hermann Friese machte es ihm 1902 gleich mit 4.23,4 Minuten.

---

[18] Das Gründungsmitglied der Deutschen Sport-Behörde für Athletik (DSBfA) Alfons Brackenhöft kam vom Harvestehuder SC Hamburg. Er war bis zum 28. Januar 1899 Beisitzer der DSBfA. Brackenhöft besuchte übrigens 1892/93 das Wilhelm-Gymnasium zu Hamburg. [Information von Klaus Amrhein, Deutscher Leichtathletik-Verband (Verbandsarchiv).]

Eine Reihe bewährter Spieler hatte sich nach Brasilien gewandt und dort mit anderen deutschen Emigranten am 7. September 1899 den später weltberühmten Sport Club Germânia gegründet, der sich bald eine Achtung gebietende Stellung erwerben konnte. Dieser Tochterverein entwickelte sich bald zu dem wohl spielstärksten Verein Brasiliens. Unter den Spielern ist besonders der 1903 nach Brasilien ausgewanderte Hermann Friese (1882-1945) zu nennen, der 1902 noch die deutsche Meisterschaft im 1500-Meter-Lauf gewonnen hatte und den die Zeitung „O Estado de São Paulo" 1903 als „sensationellsten Fußballer aller Zeiten" bezeichnete. Friese hatte zuvor gemeinsam mit Vereinsgründer Hans Nobiling (1877-1954) beim Sport-Club Germania von 1887 gespielt.

Der SC Germânia war einer der Vereine, die den Fußball in Brasilien etablierten, und beteiligte sich 1902 am Meisterschaftsspiel von São Paulo, der ersten Fußballmeisterschaft Brasiliens überhaupt, die in dem Jahr die aus Engländern bestehende Mannschaft des São Paulo Athletic Club für sich entschied.

Die Gründungsversammlung des Deutschen Fußball-Bunds fand als „I. Allgemeiner Deutscher Fußballtag" am 28. Januar 1900 im Leipziger Restaurant „Zum Mariengarten" statt. Am 4. Januar 1900 erschien in den „Deutschen Sportnachrichten" auf der ersten Seite unter der Überschrift „Amtlicher Theil" folgende Bekanntmachung:[19]

Den uns aus allen Gauen zugegangenen Zustimmungen und Wünschen Rechnung tragend, haben wir beschlossen, den I. Allgemeinen deutschen Fußballtag für Sonnabend, 27., und Sonntag, 28. Januar 1900, nach Leipzig, Mariengarten, Carlstraße, einzuberufen. Tagesordnung: Ob und wie ist eine Einigung sämtlicher Fußballvereine Deutschlands möglich? Jeder deutsche Fußball-Club bzw. Verband ist stimmberechtigt. Jeder Verband hat soviel Stimmen als Mitglieder. Der Ausschuß zur Einberufung eines ersten allgemeinen deutschen Fußballtages zu Leipzig.

Gez. J. E. Kirmse, Vorsitzender

Ernst Johannes Kirmse (1876-1930) war damals Vorsitzender des „Verbands Leipziger Ballspiel-Vereine". „Germania" wurde wie alle Hamburger Fußballvereine von Walter Sommermeier (1876-1955), Verteidiger und Mitbegründer des Sport-Clubs Victoria Hamburg am 5. Mai 1895, als Delegiertem vertreten. Sommermeier setzte sich auf der Tagung im besonderen Maße für die Gründung des DFB ein. Zugegen waren 36 Delegierten, die insgesamt 86 Vereine aus dem In- und Ausland vertraten. 62 Vereine erklärten sofort ihren Beitritt, davon einige unter Vorbehalt, am Ende ist aber von 86 Vereinen die Rede, die den DFB gegründet haben sollen.[20]

---

[19] Zitiert nach ULFERT SCHRÖDER, RAINER KALB, „Fußball in Deutschland", in: KARL-HEINZ HUBA, Fußball-Weltgeschichte. Bilder, Daten, Fakten von 1846 bis heute, München 2007, S. 56. Vgl. SIEGFRIED GEHRMANN, Fußball, Vereine, Politik: zur Sportgeschichte des Reviers, 1900-1940, Essen 1988, S. 22.
[20] C. K. (CARL KOPPEHEL, Frankfurt), „Fußball ist Volkssport", in: Festschrift zum Endspiel um die Deutsche Fußball-Meisterschaft Hamburger SV-FC Schalke 04 am 18. Mai 1858 um 15 Uhr im Niedersachsen-Stadion in Hannover.

Von 1900 an wurde vonseiten des HAFB für jedes Jahr ein Meisterschaftspokal gestiftet. Für die Bundesmeisterschaften war ein Wanderpreis ausgesetzt, der nach dreimaligem Sieg hintereinander 1900 an Altona 93 fiel.

Mannschaftsfoto des SC Germania aus dem Jahre 1900. HSV-Archiv

Altona 93 landete bei den besagten Meisterschaften des HAFB 1901 und 1902 jeweils auf Platz 2 der Tabelle. Inzwischen war eine ganze Reihe neuer Klubs gegründet worden, und das wachsende Interesse am Fußballsport hob die allgemeine Spielstärke. Junge nachstrebende Vereine, wie SC Victoria, St. Georger FC 1895, FC Britannia, Sport-Club Sperber und andere, sorgten für eine gesunde Rivalität, der „Germania" nicht mehr ganz gewachsen war. Viele ihrer Mitglieder gingen ins Ausland, um sich dort eine neue Existenz aufzubauen. Die erste Mannschaft schmolz zusammen, und trotz eines guten Ersatzes konnte eine Meisterschaft nicht mehr gewonnen werden.

1904 nahm „Germania" an der Endrunde um die Deutsche Meisterschaft teil und schied im Halbfinale gegen „Berliner Thor und Fußball-Club Britannia 1892", dem späteren Berliner SV 1892, aus. Der Verein zählte in der Saison 1903/04 insgesamt 110 Mitglieder.

1. Vorsitzender des HAFB war mit kurzen Unterbrechungen der Spielführer von Altona 93, Franz Behr. Als dieser 1903 zum 2. Vorsitzenden des Deutschen Fußball-Bundes aufstieg und 1904 nach Südamerika auswanderte, folgten ihm der 1870 geborene und in der „Deutschen Kolonialzeitung" von 1905 als Prokurist bezeichnete Waldemar von Holten (Germania), der ein großer Förderer seines Vereins und in seiner Jugend ein vortrefflicher „Steeplechaser" gewesen war, der spätere Chronist des Norddeutschen Fußball-Verbandes Walter A. Cordua (Sport-Club Victoria Hamburg), Gustav Siegmund (Sport-Club Sperber, ab August 1906) und schließlich – als es ihn geschäftlich nach Ostasien zog – Paul Koretz, der am 24. August 1926 als Ehrenmitglied des Norddeutschen Fußball-Verbandes verstarb.

Mannschaftsfoto nach errungenem Meistertitel 1903. HSV-Archiv

PROGRAMM
zu dem
am Donnerstag, den 16. Februar 1905
im
Gesellschaftshaus Bans, Befenbinderhof 10
ftattfindenden

18. Stiftungsfest
des
S. C. „Germania".

1. Kadetten-Marsch .... Sousa
2. Begrüssungsrede.
3. Festlied.
4. Musikvortrag.
      Tannhäuser............ ... Wagner
      1812................... Tschaikowsky
5. Ein Hamborger Ewerfeurer. Vortrag von Onkel.
6. Violin-Solo von Herrn Wüstendörfer.
7. Fußball-Lied.
8.   Achtung!   Sensation!   Bombenerfolg!
    Neu für Deutschland!
    Zum ersten Male in Hamburg:

Drüben über'm grossen Teich.
Ueber 1500 Mal aufgeführt.
Kolossaler Lacherfolg!

„Zum fidelen Schorsch."
Ein Stündchen in einer Kneipe.
Ein Kne idyll mit diversen Zwischen-, Zu-
und Hinaus von Hans W. Hocus-Pocus.
Ueberfetzt, in und dem »Germania-Theater«

Das Programm des 18. Stiftungsfestes des S. C. „Germania" am 16. Februar 1905.
HSV-Archiv. Foto: Blazek

21

Am 16. Februar 1905 feierte der S. C. „Germania" im Gesellschaftshaus Bans, Besenbinderhof 10, sein 18. Stiftungsfest. Dazu liegt noch im HSV-Archiv das gedruckte Programm vor. Demnach begann alles mit einem Kadetten-Marsch, an den sich die Begrüßungsrede anschloss. Danach folgten ein Festlied, ein Musikvortrag, dann „Ein Hamborger Ewerfeurer" (Vortrag „von Onkel") und hiernach ein Fußball-Lied. Es folgten der als „Bombenerfolg" angepriesene „Lacherfolg" „Drüben über'm großen Teich", ein „allgemeines Lied", „Baulchen als Rekrut", vorgetragen „von Herrn Scheidig", „Musikpièce" (Vortrag des Herrn H. Volk), Verlosung, gemeinsames Lied und schließlich Fidelitas.

Foto der Germanen-Mannschaft 1907/08. Festschrift des HSV, 1937. Foto: Blazek

Am 15. Mai 1910 wurde in Hamburg ein weiterer Spitzenverein gegründet: der FC St. Pauli.[21]

In den Jahren bis zum Ersten Weltkrieg (1914-1918) wurde die Zugehörigkeit von „Germania" zur ersten Klasse immer wieder erkämpft, und manche Erfolge gegen starke auswärtige und auch ausländische Gegner zeugen von dem Können der alten „Germania".

Der 1. Vorsitzende des Sport-Clubs Germania Hamburg, Willy Hostmann in Blankenese, Süllbergerstr. 52, in der Mitgliederliste als auswärtiges Mitglied geführt, wandte sich mit einem Rundschreiben im August 1910 an die aktiven Mitglieder des S. C. „Germania".[22] In der neuen Saison sei es Ziel, „den alten Ruf Germanias wieder zu befestigen", ihn nach Möglichkeit wieder auf dieselbe

---

[21] Der Verein spielte 1977 bis 1978 in der Bundesliga (Platz 18, 18:50 Punkte, 44:86 Tore), Spielkleidung: braune Hose, weißes Hemd, braun-weiße Stutzen. Vgl. BERND ROHR/GÜNTER SIMON, Lexikon Fußball, Leipzig 1987, S. 175.
[22] Zu Hostmann konnten folgende Daten ermittelt werden: Wilhelm Otto Hostmann, 1841 Celle – 1923 Blankenese, Großherzogl. Sächs. Baurat; ab 1858 Ingenieurstudium am Polytechnikum in Hannover, 1870 Ernennung zum Bauführer und Vereidigung, Meppen, seit 1873 in Weißenfels, 1878 in Salzungen, 1880 in Eisenach, 1882 in Halle, 1884 in Hannover; Spezialist für Bahnbau, um 1890 in Berlin, Träger des Sächsischen Albrechtsordens.

Stufe zu bringen „wie vor wenigen Jahren". Die Mannschaft sollte mit dem Willen und Bewusstsein antreten, „unter allen Umständen zu siegen". Jegliche Einzelleistung müsse nach Möglichkeit unterbleiben. „Die Mannschaft muß wie aus einem Guß spielen." Auch pünktliches Erscheinen der Spieler zu den Punktspielen wurde vom Vorsitzenden angemahnt.

1912 feierte der Sport-Club „Germania" e.V. Hamburg sein 25-jähriges Stiftungsfest und brachte zu diesem Anlass auch eine Kommers-Zeitung heraus, in der Amüsantes im Vordergrund stand. Die Redaktion bedankte sich am Ende mit einem „heißen Dank" für „die zahlreichen launigen Eingesandts, die uns wie ein Perlen- und Diamantregen förmlich überschütteten und unsere Arbeit fördern halfen".

Die „Germania"-Fahne in der Darstellung in den Vereinsmitteilungen. Foto: Blazek

In den „Mitteilungen des Sport-Club ‚Germania' Hamburg, E.V." vom Juli 1914 findet sich ein Auszug aus dem Protokoll der Versammlung vom 14. Mai 1914. Was dort steht, ist so interessant, dass es der wortwörtlichen Wiedergabe dient:

Die Versammlung wurde um 9½ Uhr von dem 1. Vorsitzenden Herrn Dr. Lohse eröffnet.

Vor Eintritt in die Tagesordnung spricht die Versammlung dem Leichtathletik-Ausschuß und insbesondere Herrn Schwabe sowie unseren Stafettenläufern für die tadellose Aufmachung und das gute Abschneiden in der Alterstafette ihren Dank aus und bekräftigt diesen durch ein dreifaches Hipp, Hipp, Hurrah!

Dann wird in die Tagesordnung eingetreten. Herr Struwe wird als neuer Zeitung-Expedient gewählt.

Punkt 1. Das Protokoll ist wegen zu später Einladung zur Versammlung nicht zur Stelle und kann nicht verlesen werden.

Punkt 2. Es liegt nur ein Dankschreiben vom H.S.V. v. 1888 vor für unsere Glückwünsche anläßlich der errungenen Meisterschaft der Ia-Klasse.

Punkt 3. Herr Korioth äußert sich wiederholt über unser unwürdiges Umkleidelokal und erinnert an den Aufruf, nach welchem bis Ende Juni M 300,– gezeichnet sein sollen, um ihn nicht verfallen zu lassen.

Punkt 4. Herr Schwabe teilt mit, daß er wegen der vielen Arbeiten im Bezirks-Ausschuß sein Amt als Obmann unseres Leichtathletik-Ausschusses niederlegen müsse. Herr Otto Fick wird für dieses Amt per Akklamation gewählt. Neu in den Ausschuß wird Herr Berner als Beisitzer gewählt.

Punkt 5. Herr Schwabe erstattet Bericht über die Veranstaltungen dieses Sommers und erwähnt besonders die Hamburg-Bergedorf-Stafette.

Punkt 6. Zuerst findet eine Aussprache über unsere Cricket-Abteilung statt.

Max Lohse, geboren am 10. August 1859 und wohnhaft an der Fuhlsbüttelerstr. 587, war nach einer im HSV-Archiv abgelegten jüngeren Mitgliederliste später Ehrenvorsitzender des Vereins. 1914 gehörten laut dem Kopfbogen der Mitteilungen zum Vorstand:

Dr. Max Lohse, Vorsitzender, Hans Herrmann, 1. Schriftführer, Richard Bitter, 1. Kassenführer, Fußballausschuss: Dr. Max Lohse, Obmann, Hans Eggers, Schriftführer, Aufnahmeausschuss: Dr. Max Lohse, Ingenieur Max Kuball, Diplom-Ingenieur Hans Kuball, Willy Selk, Hans E. A. Duhne, Hermann Karraß, Franz Jebsen, Obmann des Leichtathletikausschusses: Otto Fick, Obmann des Juniorenausschusses: Hermann Karraß.

Außerdem finden sich in dem Heftchen Mitteilungen aus der Leichtathletik-Abteilung, der Cricket-Abteilung, ein Beitrag über eine Pfingsttour nach Westfalen, bei der „Germania" am Sonntag gegen Ballspielverein Münster und Montag gegen Teutonia, Osnabrück antrat (mit der Mannschaft W. Schulze – H. Schulze, Steiger – Stolzenhain, Agte, Seifert II – Seifert I, Lucke, Flohr, v. Uslar, Lührs), ferner Berichte über ein Gesellschaftsspiel am 3. Mai 1914, ein „Letztes Verbandsspiel der Sechsten" und Schülerspiele am 22. April, 29. April und 3. Mai 1914.

In denselben „Mitteilungen", der Nr. 69 im Übrigen, findet sich auch die Einladung zur ordentlichen Versammlung am Donnerstag, dem 30. Juli 1914, „pünktlich 9 Uhr", im Hotel Giele, Große Allee 9. Auf der Tagesordnung stand:

1. Verlesung des Protokolls. 2. Eingegangene Schriftstücke. 3. Umkleideräume. 4. Neuwahlen. 5. Leichtathletik. 6. Turnier. 7. Verschiedenes.

Angekündigt wurden darin ferner sportliche Kämpfe am Sonntag, 30. August 1914. An dem Tag sollten „auf dem Forsthof" der Hamburger Cricket-Club von 1914 in einem großen Cricketpropagandaspiel gegen Germania-Berlin antreten, danach im Fußball Germania II Hamburg gegen Germania II Berlin und anschließend Germania I Hamburg gegen Germania I Berlin.

Am 2. August 1914, in den Mitteilungen nicht gesondert angekündigt, veranstaltete der Sport-Club „Germania" auf dem „Forsthof" das „sechste große Fußball-Turnier".

Der mit „auf dem Forsthofe" bezeichnete Austragungsort befand sich zwischen Barmbeck und Ohlsdorf. Die damals gemeldeten Mannschaften I. Klasse trugen aktuell folgende Kleidung:

Spielvereinigung Blankenese von 1903: hellblauer Jersey, dunkelblaue Aufschläge
Sport-Verein Borussia von 1903, Altona: schwarz-weißes Trikot
Fußballvereinigung im Eimsbütteler Turnverband: roter Jersey, weiße Hose
Fußballclub „Falke" von 1906: dunkelviolett-weiß gestreifter Jersey mit violetten Aufschlägen, weiße Hose
S. C. Germania Hamburg e.V.: schwarz-blaues Hemd, schwarze Hose
Hamburger Sportverein von 1888 e.V.: blauer Jersey mit weißen Aufschlägen, weiße Hose
Sport-Club Nienstedten von 1907 e.V.: weiß mit blau-rotem Wappen

Am 28. Juni 1914 wurde bei einem Attentat in der bosnischen Hauptstadt Sarajevo der österreichisch-ungarische Thronfolger Erzherzog Franz Ferdinand getötet. Der unter diesem Vorwand ausgebrochene Krieg brachte den größten Teil des Spielbetriebes zum Erliegen; denn der Großteil der Mitglieder folgte dem Ruf des Vaterlandes.

Im Jahre 1917 bildete „Germania" mit dem SV Uhlenhorst-Hertha von 1911 eine Kriegsvereinigung. Die Mitteilungen Nr. 83 waren zugleich die 14. Kriegsnummer. Aufgelegt wurden sie im Juli 1917. Soeben war eine Fusion erfolgt. In dem Bericht über die Generalversammlung am 24. Februar 1917, abgedruckt auf der Titelseite der Mitteilungen, heißt es:

Als ältester anwesender Herr übernahm Herr Meis den Vorsitz und schilderte in kurzen Worten, mit welchen Schwierigkeiten wir im letzten Kriegsjahr zu kämpfen hatten. Darauf legte der Vorstand die Ämter nieder und wurde entlastet. Den Hauptteil brachte uns die Vereinigung mit Uhl.-Herta. Den Beschluß der Vereinigung beider Vereine nahm die Versammlung gegen eine Stimme an. Der endgiltige (sic!) Name soll nach Beendigung des Krieges, in Anwesenheit aller Mitglieder festgesetzt werden; vorläufig einigte man sich auf „S. C. Germania-Herta".

Uhl.-Herta erkennt die Satzungen des S. C. G. vorläufig an.

Bei den Wahlen wurden beide Vereine in etwa gleichem Maße berücksichtigt:

1. Vorsitzender: Dr. Max Lohse (Germania),
2. Vorsitzender: Fr. Rohwedder (Uhlenhorst-Herta),
Schriftführer: Carl Eggers (Germania),
Schriftführer: Paasch (Uhlenhorst-Herta),
Kassierer: Fr. Vietzen (Germania),
Kassierer: Möller (Uhlenhorst-Herta),
Verbandsabgeordneter: Herr Brandt (Germania),
2. Kassierer: die Herren Thomsen und Wulff,
Leichtathletik:
Obmann: Herr Rohwedder,
Beisitzer: die Herren Lüth und Walther,
Fußball:
Obmann: Dr. Mattheides,
Rohwedder
Kassenrevisoren: die Herren Meis, Brandt, Grania und Blömel
Junioren:
Obmann: Wulff,
Beisitzer: die Herren Eggers, Blömel, Brandt, Lüth und Paasch.

Die Vereinsfarben sind: schwarz-blau.

Beiträge jährlich: Senioren M 12,--.

Es wird eine selbständige Jugendkasse eingeführt.

1. Kassierer: Herr Wulff,
2. Kassierer: Herr Thomsen.

Es wurde ferner über die Gestaltung des gesamten Sportbetriebes gesprochen.

Schluß der von ca. 50 (23 Stimmen) Mitgliedern besuchten Versammlung 10½ Uhr.

Clublokal war damals Schur, Hamburgerstraße 1a. Als eigene Sportstätten nannte das Blättchen Fuhlsbüttel, am Nußkamp, ferner Diedrichstraße und Borgweg. Im Vorstand wirkten Dr. Max Lohse als Vorsitzender, Carl Eggers als Schriftführer und Friedrich Vietzen als Kassenwart. Die folgenden Seiten der Mitteilungen waren den Spielberichten vorbehalten.

Im Jahr darauf kam es zu einer Kriegsvereinigung mit dem SC Concordia von 1907.

Vom 1. Juni 1919 datiert eine Mitgliederliste des S. C. Germania Hamburg e.V., die unterteilt wurde in Ehrenmitglieder und alte Herren, Spieler, Schüler, Nichtspieler, auswärtige Mitglieder, noch im Heeresdienst befindliche Mitglieder, in Gefangenschaft befindliche Mitglieder, Mitglieder ohne jede Adresse, Mitglieder, die ihren Austritt angemeldet, aber noch Verpflichtungen hatten, und Mitglieder, die laut Vorstandsbeschluss als ordentliche Mitglieder gestrichen, aber noch nicht ausgeschlossen waren.

In Gefangenschaft befanden sich demnach: Carl Bödicker (als Prisoner of War auf der Insel Isle of Man, England), Max Bremer (in englischer Gefangenschaft), Hans Hugo Dabelsheim (dito), Erwin Dillner (in japanischer Gefangenschaft), Walter Eggerl (in englischer), Herbert Eichler (in englischer), Adolf Junge I (seit 1914 im Internierungslager für „Enemy Aliens" in Ahmednagar, rund 200 Kilometer von Bombay entfernt, interniert), Hans Jeßsen (in japanischer Gefangenschaft), Hans Klees (in englischer), Werner Korioth (in englischer), H. W. Leuenhagen (in englischer), Paul Meyer (in belgischer), Gustav Niess (bei der Schutztruppe in Gefangenschaft geraten), Claus Oehlmann II (in englischer Gefangenschaft), Wilhelm Pröhl (in französischer), Curt Rolfs (in englischer), Hans Rittscher (in französischer), Albert Rother (mit Fragezeichen), Eberhard Srinow II (mit Fragezeichen), Walter Scheld (mit Fragezeichen), Johann Schödensack (in englischer Gefangenschaft), Hermann Schönbohm (mit Fragezeichen), Friedrich Wessendorf (in französischer Gefangenschaft).

Es ist schon bezeichnend, wo die für das deutsche Vaterland kämpfenden Vereinsmitglieder überall in Gefangenschaft geraten waren. Der Krieg war im Augenblick der Auflistung bereits seit einem halben Jahr vorbei.

Am Ende gaben 42 Vereinsmitglieder ihr Leben für Deutschland. Die furchtbaren Auswirkungen des Weltkrieges gingen an dem Verein nicht spurlos vorüber, und so ging man am Ende gerne und vorausblickend den großen Zusammenschluss vom 2. Juni 1919 ein.

Soweit zum S. C. „Germania".

Hamburger Fußball-Club von 1888

Zweiter Stammverein war der Hamburger Fußball-Club von 1888, er war nach dem S.C. Germania der älteste Verein Hamburg-Altonas und wurde am 1. Juni 1888 von Untersekundanern des Wilhelm-Gymnasiums, Klosterstieg, 17, gegründet.[23] Dort war es der Oberlehrer Dr. Albert Wilms, der seit Ostern 1887 u. a. Turnen unterrichtete und in diesem Zuge das Fußballspiel eingeführt hat. Wilms, der in Eimsbüttel, Sophienallee 13, lebte, veröffentlichte mehrere Schriften, darunter 1887 eine Schrift mit dem Titel „Über die Quellen für die Geschichte des ersten Sklavenkrieges", 1895 eine weitere über die Schlacht bei Cannae (216 v. Chr.) und 1909 als Professor „Der Hauptfeldzug des Germanikus im Jahre 15 n. Chr. / Die Teutoburger Schlacht der Kampf auf den ‚Langen Brücken'".

Die ersten Satzungen umfassten 15 Paragraphen. Das Eintrittsgeld betrug 1,20 Mark, der monatliche Beitrag 30 Pfennig. Für die Aufnahme in den Klub war ein Mindestalter von 15 Jahren erforderlich.

Beim Hamburger Fußball-Club von 1888 hatte man schon früher begonnen, Fußball zu spielen, als „Germania", nämlich gleich zu Beginn, während „Germania" damals noch seine Tätigkeit auf die Leichtathletik beschränkte.

Die Schüler des Wilhelm-Gymnasiums, zu deren sportlichen Aktivitäten im Übrigen auch Hockey und Rudern zählten, spielten allerdings nicht den heutigen Fußball, sondern eher „eine Mischung aus Association und Rugby". Man spielte in zwei gleich starken Parteien, auch mehr als elf auf jeder Seite. Ein Tor zählte sechs Punkte, eine erzwungene Ecke zwei, und stieß man den Ball über die gegnerische Torlinie außerhalb der Pfosten, so brachte das immerhin noch einen Punkt, es war so eine Art turnerische Wertung. Das Tor war nur fünf Meter breit.

Die Spielregeln waren noch sehr jung und gingen einher mit den frühesten Nachrichten über Fußballsport in Hamburg. Pioniere finden sich bei der Jugend der Höheren Schulen, was in einem ersten Zeugnis 1876 vom Johanneum bezeugt ist. Assoziationsfußball oder „Association Football", kurz „Assoc", ein Spiel, das gleichermaßen Anleihen bei Fußball und Rugby nahm, hielt Einzug.[24]

Das Hamburger Johanneum, dessen offizielle Bezeichnung „Gelehrtenschule des Johanneums" lautet, ist das älteste, „ehrwürdigste" unter den drei humanistischen Gymnasien Hamburgs. Ein Beispiel aus dem Bestand des Johanneums ist das „Hamburger Fremdenblatt", eine der bedeutendsten Tageszeitungen des 19. Jahrhunderts in Hamburg. 1876 wird dort von ersten Fußballspielen nach den Regeln Professor Dr. Karl Kochs (1846-1911), Braunschweig, am Johanneum

---

[23] Vgl. HERBERT FREUDENTHAL, Museum für Hamburgische Geschichte, Vereine in Hamburg: ein Beitrag zur Geschichte und Volkskunde der Gesellligkeit, Hamburg 1968, S. 267.

[24] Der Begriff „Association-Fußball", nach dem ersten Fußballverband, der 1863 in England gegründeten „Football Association" – die „Rugby Football Union folgte erst acht Jahre später – diente der Unterscheidung vom (Rugby-)Fußball. Vgl. zur Entwicklung des Fußballs allgemein: HENNING EICHBERG, „Sport im 19. Jahrhundert – Genese einer industriellen Verhaltensform", in: HORST UEBERHORST (Hrsg.), Geschichte der Leibesübungen, Bd. 3.1, Berlin, München, Frankfurt am Main 1980, S. 379-381.

berichtet. In der Ausgabe vom 25. April 1876 heißt es: „Aus Braunschweig wird gemeldet, daß Schüler, die seit zwei Jahren ein sogenanntes ‚Fußballspiel' betreiben, immer mehr Zulauf finden. Inzwischen wird dieses Spiel auch an der Gelehrtenschule ‚Johanneum' in Hamburg ausgeübt. (...)"[25]

Am 3. Dezember 1876 gab die Gelehrtenschule des Johanneums folgende Spielregeln für die Schulmannschaften bekannt: Elemente dieser Regeln, die der Chronist von 1937 noch vor Augen hatte und als im Besitz des HSV befindlich bezeichnete, findet man heute noch beim Rugby.[26]

Gelehrtenschule des Johanneums, Hamburg.

Foot-Ball

1. Auf dem Spielplatze stehen in beträchtlicher Entfernung voneinander die beiden Ziele („Goals"), ein jedes bezeichnet durch zwei etwa 15 Fuß auseinanderstehende senkrechte Pfosten.

2. Die Spieler theilen sich in zwei Parteien, welche sich beim Beginn des Spieles innerhalb der beiden Goals, so daß jede Partei das Ihrige im Rücken hat, in zwei einander gegenüberstehenden Linien aufstellen.

3. Diejenige Partei, welcher es gelingt, den Ball mit dem Fuße durch das feindliche Ziel hindurch zu treiben, ohne daß derselbe von einem Spieler der Gegenpartei berührt ist, hat das Spiel gewonnen.

4. Fliegt der Ball gleich beim ersten Schlage (kick-off) durch das feindliche Goal, so ist dieser Schlag ungültig.

5. Aus den sämtlichen Spielern wird für jede Partei ein Capitain ernannt, welchem jeder Spieler der Partei unbedingt zu gehorchen hat.

6. Die Spieler werden von den Capitainen eingetheilt in je drei Abtheilungen

I. „Goal-keeper." Die Aufgabe derselben ist, das Goal zu decken. Sie stehen unter einem Führer, der vom Kapitän ernannt wird.

II. „Leichte Brigade." Die dieser angehörenden Spieler werden in leicht gebogener Linie in mäßiger Entfernung vom eigenen Goal aufgestellt. Sie stehen unter drei Führern, welche den linken Flügel, das Centrum und den rechten Flügel befehligen. Besonders bei den Spielern der Leichten Brigade ist unbedingter Gehorsam gegen ihre Führer erforderlich.

III. „Bulldoggen." Diese, ohne bestimmte Aufstellung, haben dem Ball überall hin zu folgen.

7. Über das Recht des ersten Stoßes und die Wahl der Goals bestimmt das Los.

---

[25] Vgl. ARTHUR HEINRICH, Der deutsche Fußballbund – Eine politische Geschichte, Köln 2000, S. 21; CHRISTIANE EISENBERG, „English Sports" und deutsche Bürger – Eine Gesellschaftsgeschichte 1800-1939, Paderborn 1999, S. 179.
[26] Zit. n. PETER MEIS (Bearb.), Festschrift 25 Jahre Norddeutscher Sportverband e.V. 1905-1930, Hamburg 1930. Im Winter 1881/82 sollen sowohl in Hamburg (und zwar auf der Moorweide vor dem Dammtor) als auch in Berlin in der Stadt anwesende Engländer erste Association-Fußballspiele außerhalb schulischer Einrichtungen ausgetragen haben.

8. Der Ball darf mit der Hand aufgehalten werden, aber unter allen Umständen nur mit dem Fuß weitergetrieben werden. Er darf also nie mit der Hand vom Boden aufgehoben werden.

9. Außer dem gewöhnlichen Stoße unterscheidet man:

I. Place-Kick. Stoß gegen den ruhig daliegenden Ball.

II. Drop-kick. Man läßt den Ball aus den Händen auf die Erde fallen und versetzt ihm den Stoß, sobald er von der Erde zurückspringt.

III. Punt. Man läßt den Ball aus den Händen fallen und versetzt ihm den Stoß, ehe er die Erde berührt.

10. Drop-kick und Punt sind nur erlaubt, wenn der Ball über dem Boden aufgefangen ist. Fängt ein Spieler den Ball, ehe derselbe den Boden berührt hat (fair catch), so darf derselbe Spieler mit der Hacke ein Zeichen auf den Boden machen, über welches keiner der Gegner vordringen darf und hat dann das Recht eines ungestörten (free) Drop-kick oder Punt.

11. Hat ein Spieler den Ball gefangen, so darf er mit demselben dem feindlichen Goal zulaufen, verliert jedoch hierdurch das Recht eines free-kick. Sobald ein Spieler mit dem Ball läuft, suchen die Gegner ihm denselben zu entreißen. In diesem Falle steht es ihm frei, unter dem Rufe „down" unbehindert den Ball auf den Boden zu legen, so lange er alsdann die Hand auf dem Balle liegen läßt, darf kein Gegner zustoßen.

12. Verboten ist: Festhalten an den Kleidern, Beinstellen und Haken.

13. Hat ein Spieler den Ball fortgestoßen, so dürfen außer ihm selbst nur diejenigen weiterstoßen, welche hinter ihm gestanden haben. Hat hingegen ein Gegner den Ball berührt, so hat jeder der Partei das Recht zu stoßen. Ist gegen diese Regel gefehlt worden, so wird durch den Ruf „off side" auf das Versehen aufmerksam gemacht, worauf auf Verlangen der Ball an seine frühere Stelle zurückgeschafft wird.

14. Ist der Ball hinter die Goal-Linie geraten, so sucht jeder diesen zu berühren. Gelingt dieses einem der Verteidiger des Goal, so hat er das Recht eines free-Place-kick vor der Goal-Linie, gelingt dies jedoch zuerst einem Spieler der Gegenpartei, so hat dieser das Recht eines free-Place-kick von einem Punkte aus, welcher von dem Punkte, an welchem die Goal-Linie berührt ist, 15 Schritte entfernt ist.

15. Fliegt der Ball über eine der Seitenlinien hinaus, so muß derjenige, welcher ihn zuerst berührt, denselben mit der Hand auf den Spielplatz zwischen die beiden Parteien werfen, welche sich inzwischen einander gegenüber in Linie aufgestellt haben.

16. Nach Beendigung der Halftime werden die Goals gewechselt. Bei beschränktem Raume wird der Ball, wenn er die Goal-Linie passiert hat, von den Verteidigern des Goal durch einen free-Place-kick von der Goal-Linie wieder auf den Spielplatz geworfen.

Man konnte sich an diesem, bereits 1529 von dem Reformator Johannes Bugenhagen (1485-1558) gegründeten humanistischen Gymnasium aber nur schwer durchsetzen gegen Schulleitungen, Elternschaft und öffentliche Vorurteile, die diese Betätigung als „rohes" Spiel verpönten. Das Fußballspiel wurde aus diesem Grund am Johanneum wieder aufgeben.

Soweit zu den Spielregeln aus dem Jahr 1876.

Die Mitgliedschaft in dem neu gegründeten Club war zunächst auf Schüler des Wilhelm-Gymnasiums beschränkt, die wenigstens 15 Jahre alt sein mussten.

Dass der sportliche Gedanke schon damals einen starken Rückhalt hatte, beweisen die noch vorliegenden ersten Satzungen. Da heißt es beispielsweise, dass derjenige, der einen Elfmeter „verbricht", denselben auch halten müsse.

Die bekannte Tatsache, dass die Öffentlichkeit den neuen Sport nicht gerade förderte, ja manchmal durchaus ablehnend gegenüber stand, dass Elternhaus und Schule eine falsche Vorstellung hatten, ließen es manchmal verwunderlich erscheinen, dass der Club lebensfähig blieb. Der Mangel an geeigneten Spielern ließ nur Spiele der Mitglieder gegeneinander zu, die ausschließlich im Sommer ausgetragen wurden und im Herbst mit einem Entscheidungsspiel abschlossen, bei dem die siegende Partei und die besten Spieler dekoriert wurden.

Man spielte auf der Moorweide vor dem Dammtor. Das war ein Platz in unmittelbarer Nähe des Wilhelm-Gymnasiums, das 1881 mit sechs Lehrern einschließlich Schulleiter als „Neue Gelehrtenschule" den Betrieb aufgenommen und Ostern 1887 seine ersten (zwei!) Abiturienten entlassen hatte.[27]

Aus dieser Zeit (um 1890) stammt eine erste authentische Aufnahme der Hamburger-Fußball-Club-von-1888-Mannschaft. HSV-Archiv. Repro: Blazek

Die ersten Tore bestanden aus benachbarten Telefonstangen, die Torlatten aus Bindfaden. Die Reparatur eines Balles war der Beschlussfassung der Mitgliederversammlung vorbehalten, ebenso das Einebnen der Löcher im Boden, wie das Entfernen der Spuren weidender Kühe. Die Sporttracht bestand anfänglich aus einer blauen Mütze mit weißem Deckel, später in dunkelblauem Sweater mit dunkler Hose.

Auf diese Weise vergingen dem jungen Hamburger Fußball-Club von 1888 die ersten Jahre. Wettspiele gab es nicht, man hatte keine Gegner. Man spielte unter

---

[27] Vgl. PETER-RUDOLF SCHULZ (Hrsg.),Wilhelm-Gymnasium Hamburg 1881-1981 – Eine Dokumentation über 100 Jahre Wilhelm-Gymnasium, Hamburg 1981.

sich und ging dann zum Frühschoppen, aus dem mitunter auch ein Spätschoppen wurde.

1892 wurde das Spielfeld nach der Sternschanzen-Eisbahn verlegt. Gespielt wurde mit mehr Lust und Liebe als mit Theorie und Kunst. Jedes Spiel schloss mit einem Frühschoppen ab, der damals als eine unerlässliche Fortsetzung des Spiels galt.

Im selben Jahr begannen die ersten Verhandlungen mit dem Sport-Club Germania von 1887 wegen des Austragens eines Wettspiels. Sie zerschlugen sich, weil die Cholera-Epidemie noch im selben Jahr über Hamburg hereinbrach.

Die folgenden Jahre brachten dann einen erheblichen Aufschwung. Es war nämlich im Stadtteil Hoheluft von Schülern, die aus Anlass der Epidemie viel freie Zeit hatten, der Hoheluter FC von 1892 gegründet, der das Rugbyspiel pflegte. Der Club ging im Frühjahr 1894 aus Mangel an Mitgliedern ein.

Ein großer Teil trat nun dem Hamburger Fußball-Club von 1888 bei und zog später den Rest der Hoheluter nach sich. Zunächst waren es die Vorstandsmitglieder des Hoheluter FC Bahnson, Wilhelm Barthold und Bruno Krutisch, die die Initiative ergriffen. Diese zogen dann noch weitere Vereinsmitglieder mit.

Als sich 1894 Max Siemsen vom Hamburger Fußball-Club von 1888 dazu entschied, gemeinsam mit den Brüdern Krutisch die Regeln der Football Association aus dem Englischen zu übersetzen, war der Grundstein für Fußball gelegt.[28] Die Neuzugänge Bahnson, Barthold und Krutisch bewirkten zudem das Verwenden von Tornetzen und die Annahme einer einheitlichen Spieltracht. Die Farben blau-weiß behielt der Hamburger Fußball-Club von 1888 bei. Zur Spieltracht gehörte fortan ein blau-weiß quergestreiftes Trikot.

Dass neben Max Siemsen auch Wilhelm Barthold und Bruno Krutisch bis kurz zuvor noch das Wilhelm-Gymnasium besucht hatten, verwundert nicht.[29]

Durch die Gründung weiterer Vereine kam die Sportbewegung allmählich in Fluss. Das erste Spiel gegen den SC Germania fand am 13. Oktober 1894 auf einem vorschriftsmäßigen Feld auf der Horner Rennbahn nach den englischen Regeln statt und endete mit einem überlegenen Sieg der „Germanen".

Weitere Spiele wurden auf dem Pferdemarkt in Wandsbek, an der Sierichstraße, im Borgfelder Eispark, auf der Hansaweide und dem Altonaer Exerzierplatz ausgetragen.

Ebenfalls im Oktober des Jahres 1894 gründeten die Vereine Altonaer FC von 1893, FC Association, Borgfelder FC und Hamburger Fußball-Club von 1888 den „Hamburg-Altonaer Fußball- und Cricket-Bund" (HAFB). Mit von der Par-

---

[28] TANJA DRÖSSEL, Die Engländer in Hamburg 1914 bis 1945, 1. Aufl., Göttingen 2008, S. 30.
[29] Wilhelm Gymnasium zu Hamburg, Bericht über das 12. Schuljahr, 1892-1893, Hamburg 1893, Nr. 730, Schülerverzeichnis (1. Februar 1893): 5. O II a (Krutisch), Schülerverzeichnis (1. Februar 1890): 9. O III a bzw. 8. M II b (Barthold [Altona] und Siemsen).

tie bei der Versammlung im Hotel Schadendorf am Steindamm in Hamburg: Bruno Krutisch vom Hamburger Fußball-Club von 1888. Zweck der Organisation: Meisterschaften zu organisieren.[30]

Die Gewohnheit, unter sich zu spielen und dann zum Frühschoppen zu gehen (mit dem sich anschließenden Spätschoppen), bestand auch und noch lange im Hamburg-Altonaer Fußball-Bund, als noch alle Spiele auf der Altonaer Exerzierweide ausgetragen wurden.

Im Hamburger Fußball-Club von 1888 indes machte sich eine von den in großer Zahl neu eingetretenen Mitgliedern ausgehende Strömung geltend, die mit dem Frühschoppen und anderen Eigentümlichkeiten aufräumte und den Zuschnitt des Ganzen sportmäßiger gestaltete.

Bereits 1895/96 organisierte der Hamburg-Altonaer Fußball-Bund eine erste Meisterschaft. Der Hamburger Fußball-Club von 1888 spielte immerhin so gut, dass es ihm zur zweiten Stelle mit sieben Punkten bei einem Torverhältnis von 15:19 verhalf, hinter „Germania". Dessen englische Mannschaft war anfangs natürlich weit voran, und es erregte Staunen, dass der Hamburger Fußball-Club von 1888 gegen die „Germanen" nur 5:0 verlor und bei der Wiederholung sogar 0:0 spielte. Allerdings waren die Spieler der „Germania" nur neun Mann, die Meisterschaft hatten sie längst sicher.

In der „Norddeutschen Sportzeitung" verlautete später, am 2. Juni 1913:

Die englischen Regeln wurden übersetzt, eine einheitliche Tracht geschaffen und durch hinreichende sportliche Ausübung wurde ein tüchtiges Maß praktischen Könnens erworben, so daß die Mannschaft in der ersten Spielsaison des seligen Hamburg-Altonaer Fußball-Bundes hinter Germania den ersten Platz belegte. Staunend standen wir hinter dem famosen Torwächter Bahnson, der mit seinem englischen Gesicht und dito „Handschuhen" dem Ansturm der schwarz-blauen Gegner so genial zu trotzen verstand. Nur 5 Tore gingen verloren – im Hinblick auf die hohen Niederlagen der übrigen Mannschaften, z. B. Altona 11:0, Borgfelde 9:1, Association 15:0 – ein „glänzendes" Ergebnis. Ganz besonders gefiel Krutisch, dessen „Dribbelkunst" auf der Moorweide Aufsehen erregte und uns Fußballjüngern immensen Respekt einflößte. Nur der Umstand, daß auch er im ersten Städtekampf gegen Berlin, der mit 13:0 verloren ging, keinen Erfolg einheimste, versetzte unserer Bewunderung einen ersten Rippenstoß.

Dennoch: Bruno Krutisch als Mittelstürmer wurde von Zeitgenossen als „großes Wunder" bezeichnet, weil er „dribbeln" konnte wie ein Engländer. Auch stießen die Hamburger Stürmer nach seinem Beispiel den Ball nicht immer geradeaus, sondern manchmal nach der Seite. Sie erzählten später, dass man das „Passen" nennen würde.

---

[30] BERND JANKOWSKI/HARALD PISTORIUS/JENS REIMER PRÜSS, Fußball im Norden: 100 Jahre Norddeutscher Fußball-Verband, Geschichte - Chronik - Namen - Daten - Fakten - Zahlen, Bremen 2005, S. 16; KLEMENS KARL WILDT, Daten zur Sportgeschichte, Teil II: Europa von 1750 bis 1894, Schorndorf bei Stuttgart 1977, S. 115; WALTER A. CORDUA, 50 Jahre Norddeutscher Fußball-Verband e.V. 1905-1955, Hamburg o. J. [1955].

Die größte Bewunderung erregten bei der Jugend auf der Moorweide jedoch die Verteidiger Schmarje und Engelhardt, letzterer zum Unterschied von seinem Bruder „der dicke" zubenannt.

Das „Backspiel" war damals etwas anders als heute. Ein ordentlicher „Back" [bäck] stand wie ein Soldat vor seinem Tor. Kam der feindliche „Centre" angelaufen, so hatte man die Pflicht, ihn sofort anzurennen, und dann trat man den Ball weg. Ein ganz guter „Back" stoppte auch wohl einen Ball und ließ dann die Stürmer herankommen, rannte erst den einen um, dann den anderen, und trat dann „stolz wie ein Spanier" den Ball weg.

So spielte damals ein guter Verteidiger. Schmarje und Engelhardt wurden allgemein bewundert, aber ihr Ruhm erreichte doch den von Bruno Krutisch nicht. Der konnte nämlich auch noch „Elfmeter" treten. Diese Kunst hatte damals eine ganz andere Bedeutung als jetzt. Elfmeter wegen „ruppigen" Spiels kannte man damals allerdings nicht. „Ruppig" wurde „überhaupt nie gespielt", heißt es im Jubiläumsbeitrag in „Spiel und Sport", einer im Vorjahr von Walter A. Cordua und Peter Meis im Vorjahr gegründeten Sportzeitschrift, am 28. Mai 1913.

Aber wegen Hand gab es deren viele, viele, in jedem Spiel wenigstens einen. Hand oder richtiger „hands" galt von der Schulter an. Wehe, wenn der Ball innerhalb der Elfmeterlinie diesen verpönten Körperteil berührte, dann war ein Elfmeter oder richtiger „penalty trick" fertig (sic! fällig). Daher mußte man an der Außenlinie gut aufpassen, daß einem der Gegner nicht den Ball beim Einwurf gegen den Arm warf oder auf ähnliche ingeniöse Weise den Ball dagegen praktizierte. Alle diese Künste konnte man damals, da die Germanen zu weit weg wohnten und auch Engländer waren, die anderen Vereine aber noch nicht genug vorgebildet waren, nur beim H. F. C. lernen.

Die nächsten Jahre brachten dem Hamburger Fußball-Club von 1888 in den Vereinen Allemannia und besonders dem Altonaer FC von 1893 harten Konkurrenten. Er musste hinter diesen, wie hinter „Germania", zurücktreten.

Zwischen 1895 und 1898 schloss sich der FC Victoria 95 dem Hamburger Fußball-Club von 1888 als Jugendabteilung an.[31]

Der am 3. Juni 1895 gegründete St. Georger Fußball-Club bestritt am 4. Oktober 1896 sein erstes Punktspiel gegen den Hamburger Fußball-Club von 1888 und verlor mit 0:3. In der Abschlusstabelle belegte der St. Georger FC den siebten und vorletzten Platz.

Mitte Mai 1897 mietete sich der Club eine Sportwiese zwischen Klosterallee, Oberstraße, Werderstraße und Eichenallee, wusste der „Hamburgische Correspondent" vom 30. Mai 1913 zu berichten.

---

[31] Fußball-Club Victoria 95, am 5. Mai 1895 gegründet, als Cito Hamburg und Excelsior Hamburg fusionierten, 1908 SC Victoria Hamburg, Farben: Blau-Gelb, Stadion: Heiligengeistfeld oder Radrennbahn am Grindelberg. Endrunde: 1905, D6, D7. (HARDY GRÜNE, Enzyklopädie der europäischen Fußballvereine – Die Erstliga-Mannschaften Europas seit 1885, Kassel 2000, S. 89.)

Und das Jahr 1897 sah einen mächtigen Aufschwung beim Hamburger Fußball-Club von 1888. Der aus Schülern bestehende FC Victoria 95 vom Heiligengeistfeld war geschlossen dem Hamburger Fußball-Club von 1888 beigetreten, behielt aber seine eigene Verwaltung.

Es waren gute Spieler darunter, wie die beiden Verteidiger Frankenthal und Wisser, die auch Berlin mit 2:1 schlagen halfen. So gelang es dem Hamburger Fußball-Club von 1888 im Herbst 1897, dem damals unüberwindlichen Altonaer FC von 1893 die einzige Niederlage beizubringen. Endstand: 3:2. Der Halblinke Otto Goetzel, jung, schlank, schnell und schön, trug mit zwei „Durchbruchs"-Toren den Löwenanteil am Ruhm davon. Die gegnerische Deckung Nissen-Ludwig Trede wurde zweimal glatt überspielt. Dieses Spiel leuchtete noch lange in den Annalen jener Periode.

Damals war der Hamburger Fußball-Club von 1888 am Aufblühen. Das hundertste Mitglied nahm er unter großen und ausgedehnten Feierlichkeiten auf. Kein anderer Verein konnte sich dessen rühmen. Und er hatte sogar ein Bankkonto, ein Bankkonto von sage und schreibe tausend Mark.

Dann aber berichtet die Vereinschronik:

So schloß hoffnungsvoll die Urzeit des Vereins, die Zukunft glänzte rosig, da kam ein tragisches Geschick, das dem H. F.-C. oft vorbestimmt zu sein scheint, der jähe Umschwung und es begann der zweite Abschnitt, die bodenlose, die schreckliche Zeit oder das Interregnum und das kam so:

Ein guter Spieler des H. F.-C. etwas hitziger Gemütsart hatte sich verkracht und sich beim A. F.-C. v. 1893 angemeldet, im ersten Zorn. Da wollte es das Geschick, daß er in einem noch jetzt sehr bekannten Café von einigen H. F.-C.ern sitzend gefunden wurde. Man schaute sich finster an und dann trank man ein Glas Bier miteinander. Als der Hahn krähte, hatte man sich versöhnt und dem Altonaer F. C. wurde abgeschrieben. Der betreffende Herr meldete sich ab, das schrieb er selbst, die Adresse aber schrieb ein anderer, was sehr wichtig ist. Damals war das „Keilen" sehr strenge verpönt und der Altonaer Vertreter, ein sehr gerissener Herr, legte der nächsten Bundesversammlung die Frage vor: „Ob es auch Keilen sei, wenn man ein Mitglied, das sich bei einem anderen Verein angemeldet hat, wenn es auch noch nicht aufgenommen ist, veranlaßt, das Gesuch zurückzuziehen." Die Vereinsvertreter, damals schon so klug wie heute die meisten, sagten natürlich ja. Und nun kam die Postkarte, zweierlei Schrift, Bier, Morgenstunde usw. usw. Kurz, der H. F.-C. wurde ganz ungerechterweise „verdonnert", ließ sich das aber nicht gefallen. Er ging an den Bundestag und hier wurde die Sache etwas anderes. Ein Pfiffikus fand nämlich heraus, daß der H. F.-C. keine Schuld habe, aber der Herr, der sich an- und wieder abgemeldet hätte, müsse wegen unsportlichen Verhaltens bestraft werden und so geschah es, er wurde für zwei Monate disqualifiziert, nämlich für Juli und August. Das war nun nicht gerade sehr schlimm, denn in der Zeit pflegte man in Hamburg schon damals nicht Fußball zu spielen, aber der H. F.-C. fühlte sich, mit Recht, ungerecht behandelt und wollte sein Mitglied schützen und trat aus dem Bunde aus. Der Bund verbot seinen Mitgliedern auf Grund einer langen Rede des Schreibers dieser Zeilen das Spielen gegen den Verein.

Zwar erließ der H. F.-C. ein Ausschreiben um einen wertvollen Wanderpreis, besonders für auswärtige Vereine. Aber man konnte nicht recht Gegner finden. Eintrittsgeld konnte man nirgend erheben, und die Vereine konnten die Reisegelder nicht erschwingen, denn sie hatten damals schon, was die meisten Hamburger Vereine noch heutzutage haben, nämlich kein Geld. Der Mangel an Wettspielen aber nahm dem Verein die Lebenskraft. Ein Versuch, Rugby einzuführen, eine Bremer Mannschaft kam als Lehrmeister herüber, glückte nicht. Die Mitgliederzahl schmolz zusammen, der nur im losen Zusammenhange stehende F.-C. Victoria machte sich selbständig und trat dem Bunde bei.

Der Austritt aus dem Hamburg-Altonaer Fußball-Bund erfolgte Anfang 1898, aus dem Grunde wurde die Frühjahrsserie nicht ausgetragen. Die Spieltüchtigkeit der Mannschaften ging schnell zurück. Die Juniorenmannschaft trat gar aus.

Der Austritts-Entschluss, dessen Folgen damals wohl nicht zu übersehen waren, blieb lange Jahre fühlbar. Der Verzicht auf die Beteiligung an den Meisterschaftsspielen verhinderte es, dass der Club in demselben Maße erstarkte wie die erheblich jüngeren Vereinigungen. Zwar wurden Gesellschaftsspiele ausgetragen, doch boten diese Begegnungen keinen Ersatz für den Fortfall der zu Höchstleistungen anspornenden Meisterschaftsspiele.

Dafür erblühte die Leichtathletik, die dem Verein große Erfolge brachte, worüber an anderer Stelle noch zu berichten sein wird. Am 6. September 1898 veranstaltete der Hamburger Fußball-Club von 1888 auf der Radrennbahn am Grindelberg leichtathletische Wettkämpfe vor einer großen Zuschauermenge. Unter den Konkurrenzen gab es damals auch Radfahren über 1000 Meter. In damaliger Zeit lief man in Hamburg eine englische Meile (1609 Meter) oder Strecken von 100 und 200 Yards. „Auch diese Erinnerung ist ein Beweis dafür, daß unser Sport sich inzwischen verstanden hat, sich vom Ausland frei zu machen und sich zum deutschen Sport zu entwickeln", heißt es dazu im Beitrag „25 Jahre H. F. C. v. 1888" in der „Norddeutschen Sportzeitung" vom 29. Mai 1913.

Die Nichtteilnahme an den Meisterschaftsspielen hatte eine fühlbare Abnahme des Mitgliederbestandes zur Folge. Drei Jahre nach dem Austritt aus dem Hamburg-Altonaer Fußball-Bund, also 1901, soll der treu ausharrende Vorsitzende, Max Kiel, ganz alleine eine Versammlung geleitet und geschlossen, aber auch besucht haben. Ein Antrag der Vereinsleitung auf Auflösung kam, aber nur „zum Schein", so die „Norddeutsche Zeitung" vom 2. Juni 1913, aber da regten sich die alte Anhänglichkeit und der alten Stolz auf die blau-weißen Farben. Starker Besuch der Versammlung, glatte Ablehnung des Antrages waren das Eine, der Beschluss, dem Hamburg-Altonaer Fußball-Bund wieder beizutreten, das Andere.

Im Herbst 1902 gab der Hamburger Fußball-Club von 1888 seine isolierte Stellung auf und trat dem Hamburg-Altonaer Fußball-Bund wieder bei. Dort musste er allerdings in der zweiten Spielkasse wieder anfangen, befand sich allerdings in guter Gesellschaft, denn in dieser Klasse spielten Victoria Allemannia, Sport-

Club Sperber und Hohenzollern. Der Hamburger Fußball-Club von 1888 errang den 2. Platz mit acht Punkten, 19:15 Toren.

Ab 1. September 1902 erschien nun auch eine eigene Club-Zeitung. Ein neuer Aufstieg begann zwar, der Verein hatte es aber schwer, wieder auf den alten Stand zu kommen.

Die Vereinszeitung, 1. Jahrgang, Ausgabe Nr. 1, des Hamburger Fußball-Clubs von 1888 datiert vom 1. September 1902. Sie machte unter dem Namen des 1. Schriftführers, C. L. Münch, zunächst die Tagesordnung für die Generalversammlung am Dienstag, 2. September 1902, 21 Uhr im Clublokal, Grindelhof (Hamburg-Rotherbaum), die Tagesordnung bekannt. Kurzfristig, ja; aber der Termin dürfte bereits bekannt gewesen sein.

Tagesordnung:

1) Bericht des Vorsitzenden.
2) Prüfung des letzten Protokolls.
3) Berichte.
4) Wahlen.
5) Beschwerden.
6) Anträge, betreffend Statutenänderungen, Spielangelegenheiten und offizielle Veranstaltungen.
7) Diverses.

Es folgte der Hinweis, dass die offiziellen Clubabende sonntags um 19 Uhr (gemütliche Zusammenkunft im Clublokal) und mittwochs um 21 Uhr (Kegelabend bei Hartig, Eimsbüttelerstr. 87) stattfanden.

Die Trainingstage waren laut der nächsten Notiz am Sonntag um 9 Uhr und Donnerstag um 18 Uhr auf dem kl(einen) Platz in Altona und am Dienstag und Freitag, jeweils um 18 Uhr, auf der Moorweide vor dem Dammtor, nahe beim Wilhelm-Gymnasium.

Und dann folgte – gewiss nicht ohne eine gewisse Vorgeschichte – eine Mahnung des nicht namentlich bezeichneten Trainers an die Spieler:

Zum ersten Mal wieder seit langer Zeit nimmt der H. F.-C. v. 1888 an den Bundeswettspielen teil. Da heißt es denn, dem alten Namen Ehre machen und zeigen, daß der H. F.-C. wenn er auch nach außen in der letzten Zeit nicht hervorgetreten ist, seine Zeit gut genutzt hat, und eine Mannschaft ins Feld schickt, die es wirklich verdient, in der Reihe des ersten Bundesklubs zu spielen. Dies ist aber nur möglich, wenn die Spieler, die dazu auserlesen sind, die Ehre des Clubs im Kampf auf dem grünen Rasen zu vertheidigen, folgendes beherzigen:

1) Pünktlichkeit bei Erscheinen zum Wettspiel. Nichts macht einen schlechteren Eindruck, als wenn der Spielleiter gezwungen ist, mit 8 – 9 Mann anzufangen und wenn der Rest der Spieler so allmählich sich noch heranwurstelt, oder auch ganz wegbleibt (abgesehen von dem pekuniären Schaden, der durch Zuspätkommen durch die vom Bund festgesetzten Strafen entsteht).

2) *Alles Schreien und Schimpfen untereinander oder mit dem Gegner muß strengstens unterbleiben. Wie häßlich, wenn man glaubt, ein Fußballspiel zu sehen, und hört ein Schreien und Schimpfen, wie bei einem Kaffeeklatsch. Einzig und allein der Spielleiter darf seiner Mannschaft Anweisungen geben und rufen.*

3) *Unter keinen Umständen darf gegen eine Entscheidung des Schiedsrichters geschimpft oder gemurrt werden. Glauben sich die Spieler benachteiligt, so mag der Spielleiter dem Schiedsrichter seine Ansicht sagen und w. Protest einlegen. Während des Spieles sind die Entscheidungen des Schiedsrichters für die Spieler unbedingt maßgebend.*

4) *Ein jeder möge sich vor Augen halten, daß die Kunst des Fußballspiels im harmonischen Zusammenwirken des Ganzen besteht, jeder den Andern versteht und mit ihm zusammenarbeitet unter Beiseitesetzung jedes egoistischen Spiels, das selten Erfolg zeitigt und nur Zank und Erbitterung unter der Mannschaft hervorruft.*

5) *Vermeidung jeglicher Ausschreitung beim Spiel. Dieser Grundsatz muß jedem Spieler in Fleisch und Blut übergehen, er muß aus Ueberzeugung und aus Freude am freien Spiel fair spielen und nicht etwa, um gegen die Usancen des Clubs zu verstoßen, erst dann wird er eine reine und ungetrübte Freude am Spiel haben.*

Auf das Spielen selbst näher einzugehen, würde zu weit führen. Der Zweck dieser Zeilen ist auch erreicht, wenn jeder Spieler sich die obigen Gesichtspunkte zum Grundsatze macht, sie sich aneignet und auch wirklich danach handelt. Dann wird ein jeder, selbst wenn uns Fortuna nicht hold sein sollte, mit wahrer Befriedigung nach Beendigung der Meisterschaftsspiele auf dieselben zurückblicken im Bewußtsein, daß der Club gezeigt hat, daß er es versteht, den Fußballsport zu pflegen und zu heben zu aller Freude in wahrhaft freier und nutzbringender Weise.

In der nächsten, allerdings undatierten Ausgabe (einer einzelnen Seite) gab die Redaktion Verschiedenes zum Besten. Zunächst der Hinweis, dass in der letzten Bundessitzung (das war eine Tagung des Hamburg-Altonaer Fußball-Bundes) der F.C. „Hansa" in den Bund aufgenommen worden sei. Außerdem würden die Bundeswettspiele am 28. September 1902 beginnen.

Man blickte zurück auf Sonntag, dem 24. August, als der Verein zum ersten Mal wieder mit zwei vollständigen Mannschaften in Bahrenfeld trainieren konnte. „Dieser Eifer ist zwar einerseits nur lobend anzuerkennen, andrerseits mag aber an dieser Stelle nochmals betont werden, daß mit Rücksicht auf die in Kürze bevorstehenden Wettspiele ein Nachahmen dieses Beispiels durchaus notwendig ist. Nur mit äußerster Energie, die sich hauptsächlich in eifrigem Training zu zeigen hat, ist es möglich, einen guten Platz in der Reihe des Bundesklubs erreichen zu können!"

Und man kegelte bereits fleißig seit einem Jahr: „Bezeichnend für die althergebrachte Gemütlichkeit und Geselligkeit im H. F.-C. ist es, daß wir am 20. August das einjährige Bestehen unseres Kegelabends feiern konnten. Anläßlich dieses Ereignisses fand eine Verloosung von Geschenken statt, die ein bezeichnendes Licht werfen auf das hervorragende Verständnis unserer Mitglieder für kulinarische Genüsse und moderne Kunst!"

Es folgte der Hinweis, dass die Adresse des Vereinskassierers Otto Goetzel immer noch Bismarckstraße 3 sei.

Die Schreiberlinge schlossen mit den Worten: „In Vorliegendem glaubt die Redaktion einem lang gehegten Wunsche der Mitglieder Rechnung getragen zu haben und hofft daher durch genügende Unterstützung in die Klage versetzt zu werden, noch lange zum Wohl des H. F.-C. v. 1888 und zur Unterhaltung seiner Mitglieder ihre Kräfte einsetzen zu können."

In der nächsten Vereinszeitung, der Nr. 2, die zum 1. Oktober 1902 aufgelegt wurde, berichtete der I. Schriftführer, C. L. Münch, von der Generalversammlung vom 2. September 1902. In dieser sei das bisherige Junior-Mitglied Paul Matzen als Senior aufgenommen worden.

Es wurden gewählt:

Zu Cassen-Revisoren: die Herren Siemsen und Müller,
Zu Zeugwarten die Herren Goetzel und Zachau,
zu Capitains der 1. Mannschaft, die Herren Georg Kiel (I) und Jasmin (II),
zu Capitains der 2. Mannschaft die Herren Goetzel (I) Matzen (II),
zum Trainer: Dr. H. Engelhardt.

Die Herausgabe einer Vereinszeitschrift wurde genehmigt und die Leitung derselben den Herren Dr. Engelhardt, Siemsen und Münch übertragen. Alle Mitglieder sind verpflichtet, das Blatt zu halten und haben zur teilweisen Deckung der Kosten den folgenden Quartalsbeitrag zu leisten: Senioren, auch auswärtige und passive Mitglieder 1 M, Senioren, die ermäßigten Beitrag als Lehrlinge resp. Schüler genießen, 50 d Junioren 30 d.

Über das Wettspiel gegen Allemannia am 28. September 1902 wurde resümiert: „Leider mußten wir uns in diesem Spiele schlagen lassen, doch meinen wir, daß die Niederlage keine welterschütternde gewesen ist. Wenn man gesehen hat, wie die Goals gegen uns getreten wurden, so muß man sagen, daß es nicht allzusehr an der Kunst unserer Gegner gelegen hat, wenn die 4 Bälle unsere Pfosten passierten. Von weit größerer Bedeutung aber ist der Umstand, daß wir unsere Fehler und schwachen Seiten im grellsten Licht beleuchtet, erkannten und uns beim nächsten Wettspiel eine Lehre daraus herleiten werden. (...)"

Am Ende der nachfolgenden Durchhalteparolen findet sich das handschriftliche Kürzel „DrE.", das dem Trainer Dr. Engelhardt zuzuschreiben ist.

Der Trainer hatte gute Gründe, seiner Mannschaft guten Mut zuzusprechen; denn darunter wurden „Unsere Bundesspiele im Oktober" aufgelistet (mit den handschriftlich nachgetragenen Spielergebnissen):

5. Oktober Altona   4:0   Schiedsrichter Germania
12. Oktober Victoria   4:1   Schiedsrichter Allemannia
19. Oktober Germania   11:1   Schiedsrichter Spaber (sic! Sperber)
26. Oktober frei.

In der Vereinszeitung ging die Redaktion auch bereits auf das am 1. Juni 1903 bevorstehende 15-jährige Stiftungsfest des Hamburger Fußball-Clubs von 1888 ein. „Es ist ein Alter, wie es nur wenigen Sportclubs beschieden ist zu erreichen", heißt es da. In der Vergangenheit sei man nur wenig an die Öffentlichkeit getreten, daher sei zu wünschen, „daß unser Stiftungsfest möglichst glänzend gefeiert wird". Der Vorstand habe beschlossen, die so genannte kleine Kasse und auch alle sonstigen kleinen Einnahmen dem Stiftungsfest-Fonds zuzuführen. Ferner hätten sich bereits mehrere Mitglied freiwillig bereit erklärt, zum Besten dieser Kasse einen um 50 Prozent erhöhten Beitrag zu entrichten. Man würde sich nun freuen, wenn auch weitere diesem Beispiel folgen würden.

Und: „Um unseren auswärtigen Mitgliedern die Zahlung des Abonnementsbetrages zu vereinfachen, werden wir, falls uns kein gegenteiliger Wunsch geäußert wird, die nächste Nummer ihnen unter Nachnahme zusenden."

In der Vereinszeitung vom 1. November 1902 wurde zunächst bekannt gemacht, dass das Senior-Mitglied Paul Matzen Hamburg verlassen habe und dem Club fortan als auswärtiges Mitglied angehöre. Ferner sei der Zahnarzt R. Mäusert, Gänsemarkt 60, als Senior aufgenommen worden. Vorsorglich wies der I. Schriftführer, C. L. Münch, darauf hin, dass am Dienstag, 2. Dezember, statutengemäß die Generalversammlung des Vereins stattfinden werde.

Es folgte ein Blick der Sportleitung auf „Unsere Mannschaft in den Wettspielen des H. A. F. B.":

Wenn wir zurückblicken in die Zeiten wo der H. F.-C. v. 1888 seine ersten Wettspiele ausfocht und verfolgen die einzelnen Wettspiele unseres Clubs bis heute, so werden wir finden, daß wir niemals, mit soviel Spannung den Wettspielen entgegengesehen haben, wie den Spielen unserer ersten Mannschaft in der diesjährigen Bundesserie. Es war auch scheinbar ein gewagtes Stück, eine Mannschaft, welche im Frühjahr noch als Juniorenmannschaft spielte, im Herbst mit den ersten Bundesclubs spielen zu lassen, und es ist tatsächlich, wenn wir von Goetzel und Gebr. Kiel absehen, die Mannschaft, welche bis zum Sommer noch für uns als Juniormannschaft spielte, welche wir augenblicklich in die Bundeswettspiele schicken. Und wir haben uns nicht geirrt, wenn wir diese Mannschaft für fähig hielten im Bunde mitzuspielen. Sie hat sich wacker gehalten, man muß unsere Mannschaft spielen sehen, um sie beurteilen zu können. Das einzige Spiel wo sie tatsächlich unterlegen war, war dasjenige gegen Ger-

mania. Aber Germania trat mit einer Mannschaft an, wie wir sie hier im Bunde noch nicht gesehen haben, und auch hier können wir behaupten, die hohe Goalzahl, welche sie gegen Germania verlor, rührte daher, daß unsere Leute sich nicht, wie es in anderen Clubs üblich ist, vor ihrem Goal aufpflanzte und so dem Gegner das Goaltreten erschwerte, nein sie suchte immer von neuem anzugreifen, und sehr oft konnten sie dem Goal Germanias gefährlich werden; als Beweis hierfür mag gelten, daß es ihnen auch gelang ein Goal gegen Germania für unsere Farben zu treten.

Die bisherigen Resultate:

Unsere Mannschaft spielte gegen F.-C. Allemannia und verlor 4:1. Dann gegen Altona F.-C. und verlor 4:0, gegen F.-C. Victoria verlor sie 4:1 und wurde von S.-C. Germania mit 11:1 geschlagen. Aber wie wir schon eingangs erwähnt haben, kann man auf diese Resultate nicht viel geben, unsere Mannschaft ist gut, davon sind wir fest überzeugt. Nun wird man sich fragen, wie es kommt, daß eine Mannschaft, welche sich immer schlagen läßt, gut sein soll. Des Rätselslösung ist einfach folgende: Unsere Spieler waren im Training nicht das rücksichtslose auf den Mann gehen des Gegners gewohnt, wie die Spielweise im H.-A. F.-B. ist, auch wurde im Training zu wenig auf ein schnelles Spiel der Forwards geachtet. Einer der ersten Vertreter des Fußballsports in Hamburg sagte einmal: Beim Fußballspiel sind drei Dinge zu beachten und diese sind, erstens laufen, zweitens laufen und drittens auch laufen. Für Hamburger Verhältnisse hat der Herr vollkommen recht und da wir im H.-A. F.-B. spielen, so wäre es grundverkehrt, wollten wir ein anderes Spiel einführen. Aber unsere Spieler haben sich sehr gebessert. Im Germaniaspiel war es eine Freude zu sehen, wie unsere Leute dazwischen fuhren, aber gegen Germania war nichts zu machen, hatte sie doch erst 14 Tage vorher die Berliner Preußenmannschaft mit 5 Goals geschlagen. Sie war zu gut in Form.

Eine Kritik der einzelnen Spieler möge hier unterbleiben, dafür haben wir unsere Zusammenkünfte an den Sonntagsabenden. Nur soviel sei gesagt, unsere Spieler haben alle ohne Ausnahme ihre Pflicht getan, trotzdem ihnen allen natürlich noch Fehler genug anhaften, aber wenn sie das Interesse behalten, wie sie es jetzt hegen, so können wir getrost in die Zukunft blicken.

Auf der nächsten Seite folgten noch einige allgemeine Vereinsnachrichten:

Unser Appell an die auswärtigen Mitglieder ist nicht ungehört verhallt. Kaum war er erschienen, so sah sich auch unser lieber Piesiak veranlaßt, in Hamburg zu erscheinen um seinen Obolus auf dem Altar des Vaterlandes zu opfern. Hoffen wir, daß ihm andere bald wieder folgen. Leider hat der Besuch des Obengenannten eine Unzuträglichkeit verursacht. Infolge seines komischen Gelächters haben die Wände unseres Clublokals Risse bekommen, sodaß der Wirt sich gezwungen sah, der Baupolizei Anzeige zu machen. Bei der amtlichen Untersuchung stellte sich auch heraus, daß sämtliche Deckbalken verbogen waren. Wir glauben nicht fehl zu gehen, wenn wir dafür unsern lieben Peter Africanus verantwortlich machen.

Unermüdlich ist der Vorstand des H. F.-C. auf das Wohl seiner Mitglieder bedacht. Nicht genug damit, daß er einen Arbeiter engagiert hat, um die Goals aufs Feld zu schaffen, – nein, es verlautet aus sicherer Quelle, daß er in Unterhandlung steht wegen Ankaufs mehrerer Automobile, die unsere Spieler abholen und aufs Feld bringen. Für die Forwards sollen außerdem Schrittmacher angestellt werden, damit ihnen das Jagen erleichtert wird, während das Goal geheizt und mit einer Bibliothek ausgestattet werden wird.

Am Schluss wurden „Unsere Bundesspiele im November" aufgelistet (mit den handschriftlich nachgetragenen Spielergebnissen):

2. November	Britannia	1:2	Schiedsrichter Germania
9. November	St. Georg	1:2	Schiedsrichter Britannia
16. November	Sperber	1:2	Schiedsrichter Altona
23. November	frei.		

Es kam die Weihnachtsfeier des Jahres am 27. Dezember 1902, die eine Wende herbeiführen sollte. Unter den Teilnehmern war Carl Blome sen., dessen Söhne im Hamburger Fußball-Club von 1888 spielten. Er fand Gefallen an dem Verein und trat ihm sofort bei. In der Januar-Vorstandssitzung von 1903 wurde seine Aufnahme bestätigt.

Carl Blome sen., Ehrenvorsitzender des Hamburger Fußball-Clubs von 1888, der dem Verein Ende 1902 beigetreten war und ihn neun Jahre hindurch leitete (und 1913 einem Herzschlag erlag). Blome stand in hohem Ansehen ob seines Alters und als Prokurist der Deutsch-Amerikanischen Petroleum-Gesellschaft. Im 1905 gegründeten Norddeutschen Fußball-Verband war er der Kassenprüfer der ersten Stunde, und er leitete 1907 den nach Hamburg gelegten Bundesspielausschuss. Spiel und Sport vom 28. Mai 1913. Foto: Blazek

Mit dem Jahr 1903 begann mit dessen Ära eine neue Zeit für den Verein. Mit weißem Hemd mit rotem Hamburger Wappen und breiter blauer Schärpe und dunkler Hose wurde im gleichen Jahr eine neue Spieltracht eingeführt.

Blome sen., der den Verein zunächst im Stillen beriet, übernahm am 1. Dezember 1903 den Vorsitz im Vorstand. Er erwarb sich die größten Verdienste um den Verein, indem er mit Opfermut, Eifer und Zähigkeit das Ziel verfolgte, den Hamburger Fußball-Club von 1888 wieder zu sportlicher Tüchtigkeit zu führen – was ihm auch gelang. „Die ersprießliche Tätigkeit des alten, wohlbekannten Herrn läßt sich nur andeuten – die vielen äußeren Anerkennungen durch die Berufung in die höchsten Bundesämter bilden nur einen bedeutungsvollen Beleg seines inneren Wertes", verlautet in der „Norddeutschen Sportzeitung" vom 2. Juni 1913. Neben Carl Blome sen. erwarb sich auch Vereins-Zeugwart Zachau große Verdienste um den Verein.

Wenn es auch niemals zur Meisterschaft langte, so war es doch gelungen, den Hamburger Fußball-Club von 1888 auf eine breite, solide Basis zu stellen, die ihm Rang und Namen im deutschen Sport verschaffte. Im Herbst 1903 zählte der Club bereits über 100 Mitglieder, deren weitaus größter Teil sich aktiv betätigte.

Der alte Platz reichte nicht mehr aus, und am 1. Januar 1904 wurde ein neuer Sportplatz Ecke Heimhuder- und Binderstraße gepachtet, der im Frühjahr 1906 eingefriedigt und ausgebaut wurde. Am 9. September 1906 konnte der neu angelegte Sportplatz neben dem Velodrom eingeweiht werden, wusste das „Hamburger Fremdenblatt" vom 31. Mai 1913 zu berichten.

Im Jahre 1905 wurde die Leichtathletikabteilung des Hamburger Fußball-Clubs von 1888 ins Leben gerufen. Der Chronist zum 50-Jährigen des Hauptvereins schreibt: „Als im Oktober 1905 die Mitglieder Gustav Heß und ‚Onkel' Glöde die Leichtathletikabteilung gründeten, war der alte Blome Feuer und Flamme und zückte sein Portemonnaie zur Anschaffung der benötigten Requisiten."

Die Leichtathletikabteilung des Hamburger Fußball-Clubs von 1888 war die erste selbstständige Organisation für die Belange der leichtathletischen Übungen in Hamburg. Sie wurde als vorbildlich bezeichnet für ähnliche Einrichtungen in anderen Fußballvereinen. Der Leichtathletik in der Hansestadt wurden dadurch neue Wege geebnet. Hamburg wurde bald eine der führenden Städte in der Bewegung. Dazu trugen im Wesentlichen die aus „Germania", HSC, Sperber und Altona bestehenden „Vereinigten Sportvereine in Hamburg" bei, die bis 1910 alljährlich „Internationale Olympische Spiele" veranstalteten, auf denen der „Senatspreis im 3000-m-Laufen" den Höhepunkt bildete. Um diesen haben sich seinerzeit die größten Läufer des Kontinents beworben, wie beispielsweise ein Franzose namens Ragäncau und der Schwede Pettersen.

Nach der Gründung dieser Sparte folgte eine Zeit der ruhigen aber stetigen Entwicklung. Von großer Bedeutung für den Verein war es, dass sich der regierende Bürgermeister Dr. Johann Heinrich Burchard (1852-1912) im September 1906 bereit erklärte, das Protektorat über den Verein zu übernehmen, und dass der Nachfolger des am 6. Dezember 1912 verstorbenen Herrn, Bürgermeister Dr. Carl August Schröder (1855-1945), dem Verein dieselbe Ehre erwies.

Bürgermeister Dr. Johann Heinrich Burchard, 1905.
Bildquellen: commons.wikimedia.org

Amtsnachfolger für die Jahre 1912-1913 Dr. Carl August Schröder, 1905.
/ gemeinfrei

Es war nicht nur eine Ehre für den „Bürgermeisterklub", wie man ihn wohl scherzhaft nannte, sondern auch von großer Bedeutung für ihn geworden.

In dem Beitrag in „Spiel und Sport" von Rudolf Köhn zum 25-jährigen Stiftungsfest heißt es weiter:

Es ist nur natürlich, daß sich Herr Blome, der nur seine zweite Jugend dem H. F.-C. widmen konnte, nicht aber seine erste, in der er noch selber aktiv hätte sein können, aus diesem Grunde eine Reihe von Erfahrungen in seinen späteren Jahren machen mußte, für die wir Jüngeren das Lehrgeld bereits etwas früher gezahlt haben. Das ist nur natürlich und ändert an dem großen Verdienst des Herrn Blome nichts. Besonders durch die Pflege auswärtiger Beziehungen gelang es die Spielstärke der Mannschaft zu fördern.

Der ersten Mannschaft gelang es, sportlich voranzukommen und den Spielverkehr auch auf ausländische Mannschaften auszudehnen. Trotz aller Bemühungen konnte die Mannschaft es nicht über einen achtbaren Mittelplatz hinausbringen, denn die Nichtteilnahme an den Wettspielen des Hamburg-Altonaer Fußball-Bundes machte sich jetzt bemerkbar, und der Vorsprung der anderen Vereine sowohl an Können und Erfahrung war nicht mehr aufzuholen. Wenn auch die Mitgliederzahl auf über 200 angewachsen war, so fehlte doch der große sichtbare Erfolg, der dem Hamburger Fußball-Club von 1888 den ihm gebührenden Platz einräumte.

Als wichtig stellte der Chronist die Spiele gegen Örgryte Idrottssällskap, kurz Öis (ÖIS), aus Göteborg Ostern 1906 in Schweden (0:1) und im Herbst in Hamburg (3:4) heraus. Dadurch habe sich der Hamburger Fußball-Club von 1888 einen Verdienst um den Hamburger und deutschen Sport erworben.

Pfingsten 1907 folgten Spiele in Stockholm. In den Fußballtabellen gelang es dem Hamburger Fußball-Club von 1888 stets, sich einen guten Platz in der Mitte zu sichern. Nur das Jahr 1907/08 sah den Hamburger Fußball-Club von 1888 an vorletzter Stelle.

Die wiederholten Anläufe, die Spitze zu gewinnen, waren dagegen nicht von Erfolg gekrönt, obgleich der Verein mehrfach eine starke Mannschaft herausbrachte, die wohl zu Meisterschaftshoffnungen berechtigte, so im Jahre 1908/09.

Am 31. Mai 1908 feierte der Hamburger Fußball-Club von 1888 unter dem Protektorat Sr. Magnifizenz des Herrn Bürgermeisters Dr. Johann Heinrich Burchard sein 20. Stiftungsfest.

Titelseite des Programms. HSV-Archiv. Foto: Blazek →

„In den Bezirkskämpfen kam die Mannschaft zwar nicht über die goldene Mitte hinaus, da entweder im Herbst oder Frühjahr durch irgend welche Motive ein verhängnisvoller Rückschlag eintrat", heißt es rückblickend in der „Norddeutschen Sportzeitung" vom 2. Juni 1913. „Aber sie darf sich rühmen, durch gute Spiele auf die Geschicke der Meisterschaft oft bestimmend eingewirkt zu haben. Das Jahr 1908/09 sah eine Mannschaft, die selbst starke Meisterschaftshoffnungen aussprechen durfte."

Pfingsten 1909 wurde in Hamburg eine Partie gegen die noch junge englische Fußballmannschaft *Hartlepools United Football Athletic Company* ausgetragen, die mit einer ehrenvollen Heimspielniederlage von 1:4 endete. Es war ein schönes und leistungsreiches Spiel, das große Hoffnungen für die Zukunft erwarten ließ.

Der Hamburger Fußball-Club von 1888 am Rothenbaum 1909. HSV-Archiv

Unterm 30. Juni 1909 wurde der Hamburger Fußball-Club von 1888 in das Vereinsregister beim Amtsgericht Hamburg eingetragen und damit ein „eingetragener Verein" (e.V.).

Am 22. August 1909 wurde in Hamburg die erste Großstaffel „Rund um die Außenalster", das war ein Staffellauf um die Binnenalster, gelaufen. Es war damals schon ein großer Erfolg, als der Hamburger Fußball-Club von 1888 sich als erster Sieger in der Alsterstaffel eintragen konnte.

Aus der Festschrift von 1913 ergeht, dass im Januar 1910 der „günstigste Jahresbericht" verlesen wurde, „der jemals erstattet werden könnte". Nicht nur, dass die Erfolge auf dem Gebiet des Fußballsports und der nunmehr vollwertig daneben bestehenden Leichtathletik außerordentlich befriedigend waren, auch die Kassenverhältnisse hatten unter der Verwaltung des 1. Rechnungsführers, K. Stöwahse, eine recht solide Basis gewonnen, die den Club ermutigen konnte, sich an größere Ausgaben heranzuwagen. Eine solchen erwuchs dem Club im Schaffen eines erstklassigen Sportplatzes.

Die Idee, einen solchen herzurichten, ging von den Mitgliedern K. und G. Stöwahse, deren vollständige Vornamen leider nicht angegeben sind, aus, wurde von den übrigen maßgebenden Herren im Club verständnisvoll aufgenommen und bald in die Tat umgesetzt. Schon im Februar 1910 wurde durch Vermittlung des Protektors dem Hohen Senat eine Eingabe unterbreitet, in welchem um das pachtweise Überlassen des ganzen zwischen Turmweg und Reitbahn befindlichen Platzes gebeten wurde. In dem Gesuch an den Hohen Senat, das heute mit der ganzen Bauakte im HSV-Museum ausgestellt wird, wurde Sport als „Korrektiv gegen die nachteiligen Wirkungen des nervenaufreibenden Großstadtlebens" bezeichnet.

Das Gesuch hatte vollen Erfolg. Der zwischen der Finanzdeputation und dem Verein geschlossene Pachtvertrag trat am 1. November 1910 in Kraft. Das ganze 19200 Quadratmeter umfassende Areal an der Rothenbaumchaussee wurde gleich mit einem Drahtgitterzaun umzäunt. Die übrige Ausgestaltung des Platzes erfolgte im Einvernehmen mit der Baudeputation. Der zur Verfügung stehende Raum hatte Platz für zwei Spielfelder, von denen das eine 110 mal 75 Meter zum Quadrat, das andere 90 mal 65 Meter zum Quadrat groß war.

Am 5. Juni 1910 feierte der Hamburger Fußball-Club von 1888 sein 22. Stiftungsfest. Dazu wurden folgende Zeilen gereimt, in Sütterlin niedergeschrieben und gedruckt:

Stiftungsfest ist heut'! Hurra!
1.) Wenn wir froh beim Biere sitzen,
Was schiert uns der Weltenlauf?
Wenn die vollen Gläser blitzen,
Geht das Herz uns allen auf.
Laßt es hell im Saale klingen,
die Ihr komt (sic!) von fern und nah,
den H.F.C. hier zu besingen!
Stiftungsfest ist heut! Hurra!

2.) Ob es draußen wettert, stürmt,
Oder Sonnenschein uns lacht;
Ob vom Himmel schwer sich türmet
Schweren Ungewitters Nacht;
Ob entthront der Perserschah –
das ist heut' nicht von Bedeutung,
Stiftungsfest ist heut'! Hurra!

3.) Ob Zeppelin zum Nordpol flieget,
Blériot oder Parseval,
Welches Flugsystem noch singet,
Ist uns heute ganz egal.
Daß Bulgarien hat 'nen König,
der Komet bedrohlich nah,
Interessiert uns heute wenig!
Stiftungsfest ist heut! Hurra!

4.) Laßt uns darum die Gläser heben
Und sie leeren auf den Grund!
Unser H.F.C. soll leben,
Senior in weiter Rund!
Leben alle Fußballspieler
Hier aus Hamburg-Altona,
<u>Lübeck</u>, Mecklenburg, die Kieler!
Stiftungsfest ist heut! Hurra!

Kräftig entwickelten sich in dieser Zeit auch die unteren Mannschaften. Aber das Geschick schien Meisterschaftshoffnungen zu versagen, bis im Jahr 1910/11 die fünfte Mannschaft des Hamburger Fußball-Clubs von 1888 den Bann brach.

Am 25. März 1911 hatte der Verein eine Veranstaltung im Hotel „Atlantic" Hamburg, wovon noch die Vorderseite der 4-seitigen Speisekarte im HSV-Archiv, welche aktuell auch im Internet für einen stattlichen Geldbetrag angeboten wird, zeugt. Das Bild zeigt eine barocke Gesellschaft von vier Personen, vielleicht zwei Ehepaare, die an einem Tisch in einem gut beleuchteten Raum sitzt. *Bildausschnitt Foto: Blazek*

Das Planieren, Trockenlegen und Einfrieden der Spielfelder des Sportplatzes an der Rothenbaum-chaussee durch Geländer fand im Frühjahr 1911 statt. Eine weitere Ausgestaltung erfuhr die Sportanlage durch die Schaffung einer 200-Meter-Bahn für Leichtathleten sowie einer Bahn für Sprungübungen und einer 70 Meter langen Tribüne, durch Anpflanzung von Buschwerk am Gitter entlang und schließlich durch den Bau von zwei Portalhäuschen, die nach dem künstlerischen Entwurf der Baudeputation zu einem hohen Preis errichtet werden mussten. Von gutem Wetter begünstigt, gedieh die Gras-Saat so gut, dass der Platz bei herrlichstem Sonnenschein am 10. September 1911 vor einer großen Zuschauermenge mit einem Spiel gegen den Fußball-Verein Holstein von 1902 (FV Holstein Kiel) (0:2) eingeweiht werden konnte.

Sportplatz an der Rothenbaumchaussee vor 1914. HSV-Archiv

Der bekannte Sportplatz an der Rothenbaumchaussee wurde als schön und großzügig angelegt bezeichnet. „Kameradschaft und Opfersinn hatten es ermöglicht,
einen Wunschtraum in die Wirklichkeit zu wandeln", heißt es in der Festschrift
von 1937.[32]

Was dem Verein im Fußball noch nie gelungen war: In der Leichtathletik war es
ihm beschieden gewesen, im Kampf mit seinem Rivalen auf diesem Gebiet, dem
St. Georger FC 1895, wiederholt an die Spitze zu gelangen. In diesem Jahr gelang es ihm, die Alsterstafette, die populärste Leichtathletikveranstaltung, zu
gewinnen und den Erfolg des Gründungsjahres dieser Konkurrenz nach dreijäh-
riger Unterbrechung zu wiederholen.

Von der Rekordstafette Reinhardt-Thomsen-Wöhler ist in der Darstellung in
„Spiel und Sport" vom 28. Mai 1913 ein Foto abgebildet.

Um die im Jahre 1905 begründete Abteilung erwarb sich Gustav H. Heß, laut
Rudolf Köhn (1913) „einer der ältesten und erfolgreichsten Leichtathleten des
H. F.-C.", von dem dort, in „Spiel und Sport" vom 28. Mai 1913, auch ein Foto
abgebildet ist, große Verdienste. Die Gründung der Vereinigten Sportvereine,
die ersten internationalen Olympischen Spiele, der Senatspreis für 3000-Meter-
Laufen, den Zimmer dem Schweden Pettersen, der ihn zweimal gewonnen hatte,
entriss, waren Marksteine auf dem ständig aufwärts führenden Weg des Hamburger Fußball-Clubs von 1888.

Im Jahre 1912 wurde der 72-jährige Franz Ferdinand Eiffe für seine Verdienste
um den Fußballsport vom Hamburger Fußball-Club von 1888 zum Ehrenmitglied seines Vereins ernannt.[33]

Im gleichen Jahr trat ein Ereignis ein, das für den späteren Hamburger Sportverein von großer Bedeutung sein sollte. Otto Harder, seit kurzem genannt „Tull",
der geschäftlich nach Hamburg übersiedelte, trat dem Verein bei. Noch konnte
man nicht ahnen, was dieser, damals 19 Jahre alte Spieler, später einmal dem
deutschen Fußball bedeuten sollte. Aber sein Können gab der Mannschaft mächtigen Auftrieb.

Rudolf Köhn schloss in seinem geschichtlichen Rückblick auf die zurückliegen-
den 25 Jahre: „Das Jubiläumsjahr scheint dem H. F.-C. große Erfolge auf diesem Gebiete bringen zu wollen. Mögen sich diese Hoffnungen erfüllen, möge
dem H. F.-C. das Interesse und die Kraft seiner älteren Herren, die so Großes für
den Verein bewirkt haben, erhalten bleiben. Dann wird es in Zeiten des Erfolges
und des Misserfolges stets gut um den alten, weithin bekannten Verein stehen."

Am 1. Juni 1913, also an seinem Gründungstag, beging der Hamburger Fußball-
Club von 1888 das Fest seines 25-jährigen Bestehens. Das Festprogramm war
umfangreich. Der sportliche Teil sah im Vorfeld bereits am 25. Mai eine Vorfeier, die aus einem Spiel der Hamburger Junioren gegen die Schüler-Fußball-

---

[32] Das Rothenbaum-Stadion im Hamburger Stadtteil Rotherbaum wurde bis zu seinem Abriss
1997 vom Hamburger SV genutzt.
[33] „Von den ersten Anfängen des Rasensports", in: Festschrift 50 Jahre HSV 1887-1937, S.
41. HSV-Archiv.

mannschaft des Berliner Fußballklubs Preußen bestand. Das Spiel war laut „Neuer Hamburger Zeitung" vom 14. Mai 1913 für morgens zehn Uhr auf dem Rothenbaum-Sportplatz angesetzt. Am 29. Mai fand für die Vereinsmitglieder eine weitere Vorfeier, diesmal in Gestalt eines Jubiläums-Klubabends im Curiohaus, einem erst vor wenigen Jahren an der Rothenbaumchaussee gebauten Gesellschaftshaus, statt.

Die Mannschaftsaufstellung war in der Saison 1912/13 folgende: W. Muhle – K. Waligora, Anger – W. Erdland, D. Lenzen, A. Hille – Kurt Thomsen, der wenige Jahre später im Krieg fiel, Martin Laessig, der am 25. Mai 1911 in Berlin im Finale um den Kronprinzenpokal auf der Seite von Norddeutschland gegen Süddeutschland gespielt und dort das 2:2 in der 119. Minute erzielt hatte (Endstand: 4:2), Quermann, de Rooy, H. Schumacher. In dieser Aufstellung präsentierte man sich damals vor einem Werbebanner des hannoverschen Reifenherstellers Continental-Pneumatic. Von links: Erdland, Schumacher, de Rooy, Lenzen, Thomsen, Muhle, Hille, Quermann, Waligora, Laessig, Anger.

Die Hauptfeier folgte am Sonntag, dem 1. Juni 1913.

Das Vorspiel („Präludium") bildete ein Spiel der Alten Herren gegen eine Alte-Herren-Mannschaft des Altonaer FC von 1893 am Vormittag von zehn bis zwölf Uhr. Um 13 Uhr fand im Teezimmer des Reitbahn-Restaurants eine gemeinschaftliche Mittagstafel zu Ehren der Gäste statt.

Als Hauptteil folgten von 14 bis 17 Uhr nationale leichtathletische Wettkämpfe, denen sich als würdiger Ausklang ein Wettspiel der 1. Mannschaft gegen den Berliner Fußballklub Preußen anschloss.

„Spiel und Sport" gab in seiner Ausgabe vom 5. Mai 1913 die insgesamt elf Konkurrenzen des leichtathletischen Programms bekannt: Das waren ein 100-Meter-Mallauf um den Jubiläumspreis des Hamburger Fußball-Clubs von 1888, ein 200-Meter-Vorgabelauf, ein 400-Meter-Mallauf um den Wanderpreis des SC Germania, 800-Meter-Mallauf um den Wanderpreis des Harvestehuder Sport-Clubs, 1000-Meter-Juniorlauf um den Wanderpreis der Eisbahn vor dem Dammtor, 1500-Meter-Vorgabelauf, 3000-Meter-Mallauf, 3000-Meter-Stafette um den anlässlich der Jubiläumsfeier vom Hamburger Senat gestifteten Wanderpreis, Hochsprung, Speerwurf und Dreikampf (100-Meter-Mallauf, Hochsprung,

Speerwurf). All das fand auf dem Rothenbaum-Sportplatz statt. Für die Sieger der Wanderpreise wurden wertvolle Extra-Ehrenpreis ausgelobt.

Meldungen hatten bis zum 22. Mai des Jahres, 24 Uhr, bei Carl Blome sen., Hamburg, Immenhof 21, parterre, eingegangen zu sein.

Außerdem hatte der Verein am 1. Juni, als Abschluss der Festlichkeiten, im „Hamburger" Hof ein Festessen.

Postkarte mit einigen Sportplatz-Ansichten. Repro: Blazek

„Die Norddeutsche Sportzeitung" kündigte das Fest an, allerdings verspätet am 2. Juni 1913. Dort stand allerdings der historische Rückblick im Vordergrund. Einleitend heißt es: „Der zweite ,Fußballnestor' Norddeutschlands – der Hamburger F. C. v. 88 feiert sein 25jähriges Bestehen."[34]

1. Rechnungsführer K. Stöwahse, Weidenstieg 51, der sich auch später noch durch sein fotografisches Gedächtnis auszeichnen sollte, hatte zum Fest im Auftrage seines Vereins eine Festschrift aufgelegt, die in den „Hamburger Nachrichten" vom 30. Mai 1913 gelobt wurde. Sie sei in hübscher Ausstattung mit Abbildungen geschmückt", die die Vereinsgeschichte „in zusammenhängender, sehr geschickter Weise schildert und die sportlichen Ereignisse in kritischer Weise beleuchtet".

„In dem letzten Abschnitt behandelt die Schrift in ausführlicher Weise die Beteiligung des H. F. C. an der Leichtathletik", schreiben die „Hamburger Nachrichten" vom 30. Mai 1913. „Verschiedene photographische Reproduktionen verleihen der Festschrift zum Schluß einen besonderen Schmuck."

In der „Norddeutschen Sportzeitung" vom 29. Mai 1913 wurde die auch dem Blatt vorliegende „vorzügliche Festschrift" gelobt. Und man gab sich mit großen Worten:

---

[34] Zeitungsartikel über den Hamburger Fußball-Club von 1888 befinden sich geordnet im HSV-Archiv (nur 1913) und in der Zeitungsausschnittssammlung im Staatsarchiv Hamburg unter der Signatur A 509 Hamburger Fußball-Club von 1888.

Unser Sport ist ein Volkssport! Er hat sich aus eigener Kraft durchgesetzt. Gerade darum freuen wir uns, wenn der erste Bürger der freien Stadt Hamburg, Bürgermeister Dr. Schröder, sich an die Spitze eines unserer großen Vereine stellt, oder wenn wir einen Fürsten, den Herzog-Regenten Johann Albrecht zu Braunschweig, Protektor unseres Verbandes nennen dürfen. Se. Magnificenz wie Se. Hoheit bekunden damit, daß sie mit uns wurzeln wollen im Volk und daß sie nicht daran denken, stolz auf überragender Höhe einsam zu wandeln. Das festzustellen, ist in Zeiten, wo man in unserem sich stets neutral haltenden Sport künstliche Mauern von unten herauf aufrichten möchte, eine publizistische Pflicht.

Protektor des Vereins war gegenwärtig, wie angegeben, Bürgermeister Dr. Carl August Schröder, Ehrenmitglieder waren aktuell der Bankier John von Berenberg-Goßler, der seit 1908 dem Hamburger Senat angehörte und das Abitur seinerzeit an der Gelehrtenschule des Johanneums abgelegt hatte, und Franz Ferdinand Eiffe, Ehrenvorsitzender indes Carl Blome sen., der vom 1. Dezember 1903 bis 4. Dezember 1912, also neun Jahre, den Vorsitz im Vorstand geführt hatte.

Die Erfolgsmannschaft des Hamburger Fußball-Clubs im Jahr 1914. HSV-Archiv

„Mit welchem Erfolg dies (die allgemeine Ausbildung der Mitglieder) geschehen ist, beweist die Tatsache, daß der Name des Hamburger Fußball-Clubs in leichtathletischen Kreisen – nicht nur des Deutschen Reiches, sondern auch des Auslandes – jetzt einen sehr guten Klang hat", schrieben die „Hamburger Nachrichten" in ihrer Ausgabe vom 30. Mai 1913.

„Zur Nachfeier fahren am 8. Juni 5 Fußballmannschaften nach Lübeck, um dort gegen den Lübecker Ballspielklub zu spielen", wusste die „Neue Hamburger Zeitung" vom 14. Mai 1913 zu berichten.

50

Mit frischem Mut ging es in die Spielserie 1913/14. Diese brachte dem Hamburger Fußball-Club von 1888 die Meisterschaft der A-Klasse durch einen 1:0-Sieg gegen St. Georger FC 1895 und in den anschließenden Ausscheidungsspielen den Sieg und damit den Eintritt in die Norddeutsche Liga.

Der Ehrenvorsitzende Carl Blome sen. starb inmitten seiner Kameraden auf dem Sportplatz. Anlässlich eines nationalen Meetings 1913 auf dem Dammtor machte ein Herzschlag dem Leben des betagten großen Sportförderers ein Ende.

Der Hamburger Fußball-Club von 1888 änderte mit Beschluss seiner Mitgliederversammlung vom 3. Februar 1914 seinen Namen in „Hamburger Sport-Verein von 1888".

In allen Abteilungen hatte sich inzwischen neues Leben geregt, da brach 1914 der Erste Weltkrieg aus. Der größte Teil der Mitglieder folgte dem Ruf der Fahne, „und es zeigte sich, daß der Sportsmann einer der besten Soldaten war" (Festschrift von 1937).

Der Spielbetrieb kam fast zum Erliegen, und so sah man sich im Sommer 1918, also kurz vor Kriegsende, gezwungen, mit dem befreundeten Sport-Club Victoria eine Kriegsehe einzugehen. So schloss sich der Hamburger Sport-Verein von 1888 am 27. Juli 1918 mit dem SC Victoria zur Kriegsvereinigung Victoria-Hamburg 88 zusammen. Die Vereinigung war erfolgreich und wurde 1919 sowohl Hamburger als auch Norddeutscher Meister. Sie wurde aber mit Beendigung der Serie aufgelöst.

Die 1. Mannschaft der Vereinigung Victoria-Hamburg 88, wie sie am Bezirksentscheid teilnahm. Vereins-Nachrichten des Hamburger Sport-Vereins e.V. (Hamburg 88-Germania-Falke) vom 1. Juli 1919. Zu sehen sind von links: Armando Hay (* 30.03.1891 auf Capri), Müller, Otto Harder (* 25.11.1892 in Braunschweig), Pohl, Meyer, Oscar Zilgas, Wendt, Eickhof, Mechling und Krause (Hermann „Etsche" Garrn [1888-1966] fehlte auf dem Foto). HSV-Archiv. Foto: Blazek

Ein letztes Kapitel in der Geschichte des Hamburger Fußball-Clubs von 1888 beschreibt ein Blatt, das die Namen von 30 Männern nennt, die im Ersten Weltkrieg ihr Leben für ihr Vaterland gelassen hatten. „Der Verein verliert in ihnen liebe, treue Mitglieder und Freunde, die unsere Farben stets hochgehalten und zum Siege geführt haben. Ihnen sei Dank für ewige Zeiten. Wir werden Ihrer nie vergessen!" Darunter folgen diese Namen:

Wilhelm Ableiter	Richard Pietzker
Julius Ahrendt	Hans Reich
Richard Dörr	Hubert Reinhardt
Ferdinand v. Eckardt	August Seemann
Otto Giessing	Walter Schilling
Max Herbert Göricke	G. Schneiderheinze
Heinrich Halmschlag	Hans Schulze
Herbert Hass	Max Steppuhn
Karl Humbracht	Rudolf Tachau
Karl Kaufmann	Hilmar Tanisch
Hans Kayser	Kurt Thomsen
Max Krüger	Hermann Vette
Wilhelm Lübke	Berthold Vogel
Paul Penndorf	Hermann Wegener
Erich Peyser	Willy Wolf

Die Festschrift von 1937 nennt eine höhere Zahl von Todesopfern aus den Reihen des Hamburger Sport-Vereins von 1888: „49 liebe Freunde und Kameraden haben für Deutschland ihr Herzblut gegeben und heute wissen wir, daß ihr Opfer nicht umsonst gewesen ist."

1919 wurde dann die Vereinigung mit „Germania" und FC Falke 06 beschlossen.

1905 wurde der HAFB aufgelöst. Er ging in dem am 15. April 1905 gegründeten Norddeutschen Fußball-Verband auf. Unter den Gründern war Dr. Reginald Westendarp von „Germania", der wenig später, am 11. Juni 1905, als Schiedsrichter das Spiel Berliner TuFC Union 92 gegen Karlsruher FV im Stadion Weidenpescher Park in Köln pfiff.

Im Ersten Weltkrieg wurde übrigens auch der mehrfach zitierte Sportreporter Rudolf Köhn, der aus den Reihen des St. Georger FC 1895 stammte und ebenfalls den Norddeutschen Fußball-Verband mitgegründet hatte, in seiner Funktion als Sanitäter von einer Kugel niedergestreckt, als er einen Verwundeten zu bergen suchte.

Fußball-Club Falke

Dritter Stammverein war der Fußball-Club Falke. Über ihn berichtet zunächst und ausführlich nur die Festschrift von 1937. Danach stellt sich die Vereinsgeschichte so dar. Am 5. März 1906 wurde der Verein „von einigen sportbegeisterten Untertertianern" der Oberrealschule in Eppendorf gegründet. Der Sportplatz am Voßberg diente den ersten Versuchen, denen sich aber auch gleich die ersten

Schwierigkeiten entgegenstellten. Denn zum Fußballspielen gehört ein Ball, und bei 50 Pfennig Taschengeld war diese Kardinalfrage gar nicht einmal so leicht zu lösen. Aber mit Hilfe einiger kleiner Anleihen beim Vater und einiger von der Mutter gemauster Wäschestangen und -leinen wurde das notwendigste Material beschafft.

Eifrig wurde für den jungen Verein geworben, und es dauerte nicht lange, dass er bereits 50 Mitglieder zählte, von denen im Übrigen niemand das 16. Lebensjahr überschritten hatte.

Das erste Spiel wurde gegen den benachbarten Sport-Club Sperber ausgetragen. Davon ist überliefert, dass von dem erkrankten Spielführer der Mannschaft für die Elf eine Schachtel Zigaretten gestiftet wurde, die, mit dem Gegner ehrlich geteilt, bei der Kritik nach dem Spiel aufgeraucht wurden.

Der 1898 gegründete Sport-Club Sperber schaffte es sogar bis in die Landesliga. Im Amateurbereich sind Namen, wie Altona 93, Bergedorf 85, Sport-Club Sperber und SC Victoria, seit Generationen feste Größen, und viele Fußballvereine haben ihre Wurzeln im stark verbreiteten Arbeitersport um die Wende des 19./20. Jahrhunderts. Den Sport-Club Sperber vertrat Gustav Siegmund schon im Hamburg-Altonaer Fußball-Bund und dann im Vorbereitungs-Komitee, das 1905 den Norddeutschen Fußball-Verband ins Leben rief. Schon ein halbes Jahrhundert mit dem Sport-Club Sperber verbunden ist Edwin Brauer, viele Jahre als aktiver Fußballer, seit 15 Jahren aber als Platzwart.[35]

Aber zurück zum Fußball-Club Falke. In den nächsten Jahren wurden, nachdem richtige Tore beschafft worden waren und der Verein einen Dress – blauer Jersey mit weißer Hose – hatte, weitere Spiele ausgetragen. Patria, Concordia, Reinbek und einige andere Vereine, die bald wieder von der Bildfläche verschwanden, waren die Gegner.

Im Jahre 1908 musste der Voßberg infolge Bebauung geräumt werden, und man zog nun zum Grindelberg, einem Platz, der zwar nicht ideal war, aber immerhin einen geregelten Sportbetrieb zuließ.

Die 1. Mannschaft war recht spielstark und zählte zu den besten Jugendmannschaften Hamburgs. Eimsbüttel und Victoria wurden einwandfrei geschlagen, und der Chronist zum 50-Jährigen erwähnt bei dieser Gelegenheit, dass „manche nachmaligen repräsentativen Spieler damals den Falkedreß trugen".

Dann wurde der Eintritt in den Norddeutschen Fußballverband beschlossen und die Mitgliederlisten dem Bezirk eingereicht. Groß sei aber das Erstaunen gewesen, als die Aufnahme abgelehnt wurde mit der Begründung, dass keine älteren Mitglieder vorhanden wären und zudem auch ein eigener Sportplatz fehle. Gleichzeitig wurde der Verein disqualifiziert.

Schwere Not herrschte im Verein, der Weiterbestand war gefährdet. Da wandte man sich in der Not an die Eltern, und so traten einige „alte Herren" dem Verein bei. In Stellingen wurde ein eigener Sportplatz beschafft und nun erneut ein An-

---

[35] Vgl. HANS DIETER BAROTH, Des deutschen Fußballs wilde Jahre, Essen 1991, S. 110.

trag auf Aufnahme in den Norddeutschen Fußballverband gestellt. Diesmal wurde der Verein anerkannt und die Spielsperre aufgehoben.

Eine herrliche Zeit der Entwicklung und des Aufbaus des Vereins brach heran. Der günstig gelegene Platz, die Opferfreudigkeit der Mitglieder und nicht zuletzt das gemütliche Vereinsheim bei Timm in Stellingen trugen dazu bei, dass der Verein wuchs und gedieh. Vier glückliche Jahre verlebte der Fußball-Club Falke in Stellingen. In der Serie 1912/13 wurde die Meisterschaft der C-1-Klasse geschafft.

Eine Aufnahme der Falke-Mannschaft 1913/14. Festschrift von 1937. Foto: Blazek

Im Winter 1913/14 nahmen sechs Mannschaften an den Meisterschaftsspielen teil, und auch eine kleine Jugendabteilung war vorhanden.

Aber schon im nächsten Jahr brache der große Krieg aus, und fast alle Mitglieder folgten dem Ruf des Vaterlandes. Bis zum Jahre 1916 konnte der Spielbetrieb aufrechterhalten werden, aber gegen Ende des Jahres waren sämtliche Mitglieder eingezogen, und damit endete die aktive Betätigung.

Bis zum Jahre 1918 gelang es, durch Sammlung der im Felde stehenden Falken die Pachtbeträge für den Sportplatz aufzubringen. Dann war es aber nicht mehr möglich, und Schrebergärten wurden auf dem Fußballfeld angelegt.

30 Kameraden besiegelten ihre Treue zum Vaterland mit dem Tode. Etwa ein Viertel der Mitglieder war also gefallen und kehrte nicht wieder zurück. Die Überlebenden fanden sich aber bald wieder zusammen und begannen mit dem Wiederaufbau des Vereins. Da der Sportplatz nicht mehr zur Verfügung stand, mussten neue Wege gefunden werden.

Am 12. Mai 1919 trat der Verein dem Hamburger Sport-Verein von 1888 bei. Zusammenfassend lässt sich über den Fußball-Club Falke sagen, dass dieser „kleine" Verein keine nennenswerten Erfolge erringen konnte und vorwiegend in unteren Ligen spielte.

Der Zusammenschluss

Am 2. Juni 1919 folgte schließlich der Zusammenschluss des SC Germania von 1887 und des Hamburger Sport-Vereins von 1888 zum Hamburger Sport-Verein e.V. (Hamburg 88 – Germania – Falke), der am 12. Juli 1919 unter der Registernummer VR 380 in das Vereinsregister beim Amtsgericht Hamburg eingetragen wurde.

„Der Zeitpunkt der Vereinigung wurde auf den 2. Juni 1919, d. h. denjenigen Tag festgesetzt, an welchem die noch gemeinsam mit dem S.C. ‚Victoria' auszutragenden Kämpfe um die norddeutsche Fußball-Meisterschaft ihr, wie wir hoffen wollen, glückliches Ende erreicht haben werden", heißt es in den „Vereins-Nachrichten des Hamburger Sport-Vereins von 1888 (e.V.)", 16. Jahrgang, Nr. 2 vom 1. Juni 1919.

Hierzu gibt es eine Vorgeschichte, die in den alten Vereinsmitteilungen zu Papier gebracht und somit für die Nachwelt erhalten wurden.

Im Jahresbericht über das 31. Geschäftsjahr, erstattet vom Verwaltungsausschuss auf der Mitgliederversammlung am 13. Januar 1920, hieß es über den damaligen Hamburger Sportbetrieb:

Der 1. Mannschaft der Kriegervereinigung war es gelungen, die Meisterschaft des Bezirks III des N. F. V. zu erringen; nunmehr galt es auch Meister des NFV zu werden. Nach einwandfreien Siegen von 10:0 in der Vorrunde gegen Schwerin 03, 7:1 in der Zwischenrunde gegen Holstein-Kiel und 2:0 im Endkampf gegen den Bremer S. C. gelang es der Mannschaft der Kriegsvereinigung dieses hohe Ziel zu erreichen.

Unser ältester Hamburger Sportverein, der S. C. Germania, hatte schon in den letzten Friedensjahren infolge Fortgang guter Spieler und der zunehmenden Konkurrenz jüngerer Vereine eine Schwächeperiode durchzumachen gehabt, und so traf diesen Verein der Krieg besonders hart.

Immerhin war es noch möglich, während des ganzen Krieges den Sportbetrieb aufrecht zu erhalten und sich an dem Kampfe um die Meisterschaft zu beteiligen.

Nach Rückkehr unseres Heeres stellte sich jedoch heraus, daß ein Weiterarbeiten auf alter Basis unter den bestehenden Verhältnissen unmöglich war, denn der Verein hatte einen großen Teil seiner aktiven Spieler verloren und ein anderer Teil war während des Krieges zu alt geworden, um sich noch aktiv dem Sport widmen zu können.

Da auch andere Vereine Ost-Hamburgs in gleicher Weise gelitten hatten, beabsichtigte man, einen großen Verein durch Zusammenschluß der Vereine Germania, St. Georg, Sperber und Turnerschaft von 1816 zu bilden. Dieses große Projekt zerschlug sich indessen.

Der F. C. Falke von 1906, vor dem Kriege als vorwärtsstrebender B-Verein allgemein bekannt, hatte bis Ende 1917 seinen Sportbetrieb aufrecht erhalten können. Da es dem Verein an älteren Herren zur Leitung und jüngeren Spielern als

*Nachwuchs fehlte, kam es 1917 soweit, daß sämtliche Mitglieder zum Heeres-
dienst eingezogen waren und der Sportbetrieb ruhen mußte.*

*Die Pacht für den Sportplatz wurde durch Mitglieder, die an der Front kämpf-
ten, aufgebracht. Als Ende 1918 die Falken zurückkamen, stellte sich heraus,
daß der Verein fast ein Drittel seiner Mitglieder verloren hatte. Der Sportplatz
wurde vom Besitzer gekündigt, sodaß der Verein fast vor seinem Ruin stand.
Doch ein Jeder war bestrebt, dem Verein wieder zu seinem alten guten Ruf zu
verhelfen.*

*Zu diesem Foto
aus dem HSV-
Archiv fehlen
nähere Angaben.
Nach dem oben
Gesagten könnte
es sich um einen
Besuch der
Kriegsvereini-
gung beim Bre-
mer S. C. han-
deln.*

Das Jahr 1919 war der Zeitpunkt des Zusammenschlusses und des Beginns eines
neuen Vereins mit dem Namen „Hamburger Sport-Verein e.V. (Hamburg 88-
Germania-Falke)". Letztmalig erschienen am 1. Juni 1919 die Vereinsnachrichten unter dem Logo des Hamburger Sport-Vereins von 1888. Für das gleiche
Datum lud der Verein auch noch einmal seine Mitglieder zu seinem 31. Stiftungsfest ein. Im Heft selbst war aber dann von einigen Entwicklungen die Rede, die auf eine positive Zukunft wiesen. Am 12. Mai 1919 nämlich hatte sich
im Hotel und Restaurant „Pilsener Hof", Gänsemarkt 42-43, Inhaber: August
Sörensen, eine Vereinigung der rund 100 Mitglieder des Fußball-Clubs Falke
mit dem Hamburger Sport-Verein von 1888 vollzogen. In einer Mitgliederversammlung am 16. Mai wurde die Aufnahme der neuen Mitglieder einstimmig
bestätigt.

Die Mitgliederversammlung hatte sich noch mit einem weiteren Punkt zu befassen. Nachdem die endgültige Vereinigung mit dem SC Victoria am 21. März des Jahres von der Mitgliederversammlung des Hamburger Sport-Vereins von 1888 abgelehnt worden war, hatten auf Anregung des SC Germania zwischen den von diesem Verein entsandten Herren Henry Barrelet, G. Stöwahse und Dr. Wulf unverbindliche Besprechungen über ein Verschmelzen beider Vereine stattgefunden. Bei sonst völligem Einverständnis bestanden nur Schwierigkeiten in der Wahl des Namens der Vereinigung. Schließlich einigten sich die beiderseitigen Vertrauensmänner auf den Namen „Hamburger Sport-Verein e.V. (Hamburg 88-Germania)". Eine von „Germania" am 11. Mai abgehaltene und gut besuchte Mitgliederversammlung erklärte dann mit allen gegen eine Stimme ihr Einverständnis mit diesem Namen. Die Mitgliederversammlung des Hamburger Sport-Vereins von 1888 nahm am 16. Mai 1919 ebenfalls Stellung und hieß ihn nach kurzer Beratung mit 56 gegen sieben Stimmen bei einer Stimmenthaltung mit der dann vom Fußball-Club Falke gewünschten Abänderung gut, dass der Name zu lauten habe

Hamburger Sport-Verein E. V.
(Hamburg 88-Germania-Falke)

Gekrönt wurde das Werk des Zusammenschlusses am 19. Mai 1919 im „Pilsener Hof". In einer gemeinsamen Sitzung zur Durchführung der Beschlüsse und weiteren Maßnahmen ermächtigten Vorstände des H.S.V. von 1888 und des SC Germania war der letztere mit der Aufnahme des Namens „Falke" in den Namen des neuen Vereins und mit den Vereinsfarben blau-weiß-schwarz einverstanden.

Der Zeitpunkt der Vereinigung wurde auf den 2. Juni 1919 festgesetzt, also auf den Tag, an dem die noch gemeinsam mit dem SC Victoria auszutragenden Kämpfe um die Norddeutsche Fußball-Meisterschaft terminiert waren.

Somit waren die beiden ältesten Vereine ihrer Art in Hamburg miteinander verschmolzen.

Es war der nur noch 1919 fungierende Obmann für die Vereinszeitung, K. Stöwahse, Weidenstieg 51, der den Zusammenschluss für die Nachwelt in den Vereins-Nachrichten vom 1. Juni 1919 dokumentiert hat. Er resümierte am Schluss: „Wir vom H. S. V. von 88 können stolz darauf sein, daß der feine, alte, in Deutschland und über Deutschlands Grenzen hinaus hochgeachtete S. C. ‚Germania' mit seiner ruhmreichen Vergangenheit und Tradition zu uns gekommen ist, in der Erkenntnis, daß wir in jeder Hinsicht, sportlich und gesellschaftlich, am besten zu einander passen. Fortan soll es heißen: Treue um Treue, Vertrauen gegen Vertrauen und gründliche gemeinsame Arbeit für das Ziel, das uns allen vorschwebt!"

Stöwahse, der bei Kriegsbeginn auch der Sportplatzkommission des Vereins angehört hatte, endete mit den Worten: „Möge an der Vereinigung der alte Bismarck'sche Wappenspruch wahr werden: In trinitate robur!" („In der Dreiheit liegt die Kraft!")

In denselben Vereinsnachrichten lud Schriftführer O. Keßlau im Namen des Vorstandes zur Mitgliederversammlung am 3. Juni 1919 um 18 Uhr im Gewerbehaus, Holstenwall 12, Zimmer 75, ein.[36]

Tagesordnung:

1. Verlesung der Protokolle über die Versammlungen vom 10. und 16. Mai
2. Aufnahme neuer Mitglieder
3. Bericht des Vorstandes
4. Satzungsänderungen und Neuwahl aller Ausschüsse
5. Antrag des Junioren-Ausschusses auf Änderung des § 22 der Satzungen
6. Verschiedenes

Darunter gab auch der Vorstand seine Sicht der Dinge mit Blick auf die bevorstehende Versammlung und ihre hohe Bedeutung für den Verein zum Besten:

Die Verhandlungen mit dem F. C. „Falke" und dem S. C. „Germania" haben zu einem erfreulichen Ergebnis geführt. Nachdem die Kriegsvereinigung mit dem S. C. „Victoria" mit dem Abschluß der Spiele um die norddeutsche Meisterschaft, d. h. am 1. Juni, ihr Ende erreicht hat, werden die 3 Vereine vom 2. Juni ab unter dem Namen Hamburger Sport-Verein E. V. (Hamburg 88-Germania-Falke) mit den Farben blau-weiß-schwarz vereint sein. Die Mitgliederversammlungen der 3 Vereine haben dem Zusammenschluß mit überwiegender Mehrheit zugestimmt und die Vorstände mit der Durchführung beauftragt. Da eine Anzahl Herren vom S. C. „Germania" und vom F. C. „Falke" in die verschiedenen Ausschüsse eintreten, ist eine Neuwahl sämtlicher Ausschüsse in der nächsten Versammlung erforderlich. Auch sind einige Satzungsänderungen vorzunehmen. An dieser Versammlung nehmen die Mitglieder aller 3 Vereine teil, und es ist zu hoffen, daß der großzügige Geist, der sich in dem neuen Unternehmen widerspiegelt, auch die Versammlung beherrschen wird und eine schnelle und einstimmige Annahme der Durchführungshandlungen gewärtigen läßt. Da auch zugleich über die Juniorenfrage endgültig entschieden werden soll, so möge kein Mitglied die Versammlung versäumen.

In der Mitgliederversammlung vom 3. Juni 1919 wurde auf Vorschlag der alten Vorstände der folgende Verwaltungsausschuss für das Geschäftsjahr 1919 gewählt:

1. Vorsitzender: Dr. Otto Wulf (Hamburg 88)
1. stellvertretender Vorsitzender: Otto Schwabe (Germania)
2. stellvertretender Vorsitzender: Walter Holm (Falke)
Schriftführer: Georg Schmidt (Hamburg 88)
Rechnungsführer: Carl A. Hentsch (Germania)
1. Kassierer: Henry Lütgens (Hamburg 88)
2. Kassierer: Hille (Germania)

---

[36] Gemeint war offensichtlich Oskar Keßlau, von dem HARTWIG DETTMANN und WALTER A. CORDUA in der Festschrift zum 50-jährigen Jubiläum des Norddeutschen Fußball-Verbandes 1955, S. 100, schreiben, er sei in den Verbandsausschuss eingetreten und habe den Handballsport „überragend zu führen" verstanden. Seiner umfassenden Aufgabe entsprechend sei aus dem Norddeutschen Fußball-Verband der Norddeutsche Sport-Verband geworden.

Da der 1. Vorsitzende infolge Krankheit gezwungen war, sein Amt niederzulegen, trat an seine Stelle bereits am 8. Juli 1919 Johannes Lenzen (Hamburg 88), der den Vorsitz auch nur bis Ende des Jahres innehatte.

Hamburger Sport-Verein

Als im November 1918 die Waffen schweigen, beginnt auch für den Fußball eine neue Epoche. Der Kampf ums runde Leder begeistert in den 1920er Jahren die Massen, die Meisterschaftsspiele der großen Clubs Nürnberg und Fürth, HSV und Hertha BSC locken Zehntausende in die Stadien. Trotz aller Vorbehalte gegen die Deutschen, denen der Friedensvertrag von Versailles die Schuld am Kriegsausbruch zuweist, findet schon im Juni 1920 das erste Nachkriegsländerspiel statt.

Chronik des deutschen Fußballs, 2005

Als der Hamburger Sportverein 1919 gegründet wurde, nannte er sich zunächst noch *Hamburger Sport-Verein e.V. (Hamburg 88 – Germania – Falke)*. Später wurde der Name in die verkürzte Form Hamburger Sportverein (HSV) umgewandelt.

Zu Ehren der Stadt Hamburg wurden die Vereinsfarben rot und weiß ausgewählt. Hinzu kamen noch die Farben des SC Germania, blau und schwarz. Die Raute wurde als Symbol der Hamburger Schifffahrt entnommen. [37]

„Blau und Schwarz wurden im Rhombus des Vereinswappens verewigt. Die Ähnlichkeit mit einer Salmiak-Pastille ist nicht zu verleugnen", schreibt Uwe Seeler später.[38]

Auch die Spielkleidung wurde 1919 neu festgelegt. Es sollte nun nicht mehr in blauen Hemden und weißen Hosen, sondern in einem weißen Hemd mit breitem Kragen, weinroten Hosen und schwarzen Strümpfen mit blau-weiß-schwarzgewürfelten Rändern gespielt werden.

Am „Großen Burstah", damals einer der besten Hamburger Einkaufsadressen, wurde sogleich im Haus Nr. 30 im 2. Stock eine Geschäftsstelle eingerichtet, während im Restaurant Jalant an der Mönckebergstraße 18 die Sportausschüsse tagten.

Die Hockeyabteilung wurde durch sportbegeisterte Damen am 12. August 1919 ins Leben gerufen, der sich am 11. November 1919 eine Herrenabteilung anschloss. Es waren die Herren H. Jalant, G. Stöwahse und J. Lenzen, die die Abteilung aufbauten. Man spielte damals auf dem Forsthof auf sehr schlechten Plätzen. Die ersten Spiele fanden gegen den Harvestehuder Tennis- und Hockey-Club (HTHC) am 18. April 1920 statt. Der HSV gewann mit 4:2. Die Damen verloren am 31. Oktober 1920 das erste Spiel gegen HTHC mit 2:4.

---

[37] Entworfen hat Vereinswappen (Logo) nach jahrzehntelang übernommenen Darstellungen der Werbegrafiker Otto Sommer.
[38] UWE SEELER/ROMAN KÖSTER, Danke, Fußball! – Mein Leben, Reinbek 2003, S. 144.

Der Aufruf von W. Seidel in den Vereins-Nachrichten vom 1. Oktober 1919.

Für die Herbstserie 1919/20 standen bereits 28 Fußballmannschaften zur Verfügung. Die Sportpresse stellte dem neuen Verein keine sehr günstige Prognose,
aber diese Beurteilung wurde durch bald einsetzende große Erfolge der Liga-
mannschaft als verfehlt gekennzeichnet. Am 17. August 1919 sah man die „Rothosen" zum ersten Mal im Kampf, und zwar gegen Union 03 Altona. Die Mannschaft, die ein 1:1 erreichte: Borck – Agte, Werner – Thele, Ohrt, Krohn – Lo-
wien, Popp, Harder, Schneider, Fick. Eine Woche später musste der SV Werder
Bremen die Überlegenheit des HSV mit einer 1:5-Niederlage erfahren.

*Rudolf Agte (1891-1971),
der verdiente Außenkapitän
der 1. Mannschaft. Der frühere Germania- und spätere
Hamburg-88-Spieler wurde
erster HSV-Trainer, er spielte auch noch bis 1923 selber
aktiv mit. Foto aus: Vereins-
Mitteilungen des Hambur-
ger Sportvereins e.V. (Hamburg 88-Germania-Falke) v.
1. November 1919. HSV-
Archiv. Foto: Blazek*

*August Werner (1896-1968),
der rechte Verteidiger. Vereins-Mitteilungen des Hamburger Sportvereins e.V.
(Hamburg 88-Germania-
Falke) v. 1. Dezember 1919.
HSV-Archiv. Foto: Blazek*

*Carl Ohrt, Mittelläufer.
Vereins-Mitteilungen des
Hamburger Sportvereins
e.V. (Hamburg 88-Ger-
mania-Falke) v. 1. Februar
1920. HSV-Archiv. Foto:
Blazek*

Neuwahlen in der Sitzung vom 9. September 1919 hatten laut den Vereins-Nachrichten vom 1. Oktober 1919 folgende Ergebnisse:

Fußballausschuss: H. Vollbracht, E. Moß und R. Scharpen (für Buchholz, Volkmann und Lohse)
Leichtathletikausschuss: Arthur Reinhardt (für E. Erler)
Presseausschuss: K. Thorsen (für Bardowiecks)
Geselligkeitsausschuss: Ernst August Brandt (für G. Stöwahse)
Spielführer der 1. Mannschaft: Otto „Tull" Harder

Arthur Reinhardt war in den Jahren 1917, 1918 und 1919 Deutscher Leichtathletik-Meister über 200 Meter (25,4 Sek., 22,8 Sek., 23,4 Sek.). Reinhardt stammte aus den Reihen des Hamburger Fußball-Clubs von 1888.

Das Restaurant Jalant auf einer 1912 gelaufenen Postkarte. Repro: Blazek

Die nächste Mitgliederversammlung fand am 7. Oktober 1919 um 19 Uhr („pünktlich") im „Imperator-Zimmer" des Restaurants Jalant an der Mönckebergstraße statt. Auf der Tagesordnung standen lediglich das Verlesen des Sitzungsberichtes vom 9. September, die Aufnahme neuer Mitglieder und Berichte der Ausschüsse.

Die 1. Mannschaft des HSV wurde der A-Klasse (damals die höchste Klasse) zugeteilt. Die Herbstserie sah den HSV vorn. Vereine, wie VfL Altona (93) und Victoria, wurden einwandfrei geschlagen, und man glaubte allgemein, dass der junge Verein die Meisterschaft erringen würde. Aber im Frühjahr setzte ein leichter Rückschlag ein, der die Spitze kostete. Im ersten Jahr wurde eine ganze Reihe Gesellschaftsspiele ausgetragen.

Mannschaftsfoto, Anfang 1920. Stehend von links: Wolte, Sommer, Seligmann, Reinhardt, Hupp, Trümmler, Freddy Warnholz, Lito Buckup, sitzend: Heß, Wegener, Wöhlke. Darunter wurde angekündigt die Mitgliederversammlung am Dienstag, 10. Februar 1920, 19 Uhr, im Restaurant Jalant, Mönckebergstraße (Themen unter anderem: Neuentwurf der Satzungen, Antrag bzw. Erhöhung der Beiträge für Senioren und Damen). Titelseite der Vereins-Mitteilungen des Hamburger Sportvereins e.V. (Hamburg 88-Germania-Falke) v. 1. Februar 1920. HSV-Archiv. Foto: Blazek

Der HSV wurde in der Hamburger Meisterschaft 1919/20 mit 26 Punkten und 65:22 Toren Zweiter hinter Victoria. 1919 soll der HSV allerdings gegen den SV Viktoria 09 Recklinghausen 1:4 verloren haben. Aufstellung: Bombeck, der nur zweimal für den HSV antrat – Seifert, Vietzen – Wagner, Gieser, Thele – Brandt, Weyer, Hans Krohn, Hansen, Schumacher.

Am 11. Juli 1920 wurde mit großem Vorsprung die Alsterstaffel gewonnen. In allen Abteilungen zeigte sich große Rührigkeit. Schnell hatte der HSV den Beweis erbracht, dass er ein maßgebender Faktor im Hamburger und norddeutschen Sport geworden war. Die Leistungen der HSV-Leichtathleten fanden große Beachtung in der Sportöffentlichkeit, und eine Kette großer Erfolge zeugte von intensiver Arbeit und gutem Können.

Die Herbstserie 1920/21 zeigte den HSV in vorzüglicher Verfassung. Kameradschaft und Können feierten Triumphe. Beispiellos waren der Start und die begeisternden Kämpfe dieser Serie. Ungeschlagen wurde der zweite Durchgang begonnen, der der Mannschaft den so heiß ersehnten Titel eines Norddeutschen Meisters brachte. Nur allmählich begriff man, dass am Rothenbaum eine Mannschaft entstand, die gewillt war, im Konzert der Großen eine sehr gewichtige Rolle zu spielen.

Von 1920 bis April 1921 war A. W. „Willi(am)" Turner Trainer des Hamburger Sport-Vereins. Turner, der aus England gekommen sein soll, war als einziger

Coach viermal für den HSV tätig, und zwar 1920-1921, 1922-1923, 1925-1926 und 1932-1933. An seine Stelle trat dann 1921 bis Jahresende der 42 Jahre alte Richard Girulatis (1878-1963).

Norddeutscher Meister 1921

Am 24. April 1921 fand das denkwürdige Entscheidungsspiel um die Norddeutsche Meisterschaft in Hannover statt. Südkreismeister Hannover 96 wurde in einem temporeichen kraftvollen Spiel mit 8:0 distanziert (allein fünf Tore durch Ludwig Breuel), ein Ergebnis, das überzeugte. Am 30. April gab es im Curiohaus an der Rothenbaumchaussee 11-17 ein großzügiges Siegesfest.

Die Erfolgsmannschaft im Jahre 1921. HSV-Archiv

Norddeutscher Meister wurde der HSV in den Jahren 1921 bis 1925, 1928, 1929, 1931 bis 1933, 1948 bis 1953 sowie 1955 bis 1963.

Am 22. Mai 1921 erfolgte der erste Anlauf auf die Deutsche Meisterschaft. Nach hartnäckigem Spiel siegte der Gegner, Duisburger Spielverein, in der Verlängerung mit 2:1. Der Traum war aus, und die ganzen Hoffnungen der Hamburger Sportgemeinde mussten auf ein Jahr zurückgestellt werden.

Die Leichtathleten des HSV hatten mehr Glück, denn sie konnten den Sieg in der Alsterstaffel erneut an ihre Fahnen heften.

Inzwischen hatte der Verein einen gewaltigen Auftrieb erhalten. Bereits am 1. Januar 1921 konnte der Verein dem Bezirk 53 Herren- und Jugend-Fußballmannschaften melden. Die Gesamtmitgliederzahl war auf 1650 angewachsen.

Schon beim Zusammenschluss im Jahre 1919 hatte man sich mit der Frage des Beschaffens eines eigenen Klubhauses befasst, denn der große Sportbetrieb erforderte die straffe Zusammenfassung des ganzen Vereins. Am 1. Juli 1921 konnten die Verhandlungen über den Ankauf der Jugendstil-Villa Rothenbaumchaussee 115, Ecke Hallerstraße, erfolgreich zum Abschluss gebracht werden. Der HSV hatte sein eigenes Vereinshaus. Welche Bedeutung diese Einrichtung erlangen sollte, zeigten erst die späteren Jahre. Sie wurde zu einem Ort der Pflege guter Tradition.

Am 1. Juni 1921 wurde auf dem Sportplatz an der Rothenbaumchaussee ein Gedenkstein für die 121 gefallenen Mitglieder der Stammvereine feierlich enthüllt und geweiht. Spenden der HSV-Mitglieder hatten dieses Projekt ermöglicht.

Ehrenmal

Die Stele wird gekrönt von einem Stahlhelm und anderem Kriegsgerät. Auf der Vorderseite befinden sich drei ineinander verschlungene Blätterkränze und die Inschrift. An den Seiten sind die Namen der Gefallenen des Ersten Weltkriegs eingearbeitet, und zwar geordnet nach ihrer Vereinszugehörigkeit (die drei Stammvereine). Über den Vereinsnamen erkennt man die jeweiligen Vereinswappen. FC Falke: Falkenkopf, SC Germania: im quadrierten wechselfarbenen Schild ein großes „G", Hamburger Sport-Verein von 1888: im schräg durch einen Balken geteilten Feld rechts oben das Hamburger Wappen, links unten die Inschrift „H.S.V. v. 88". Vor der Stele liegen Platten mit den Namen der Gefallenen des Zweiten Weltkrieges.

Name	Vorname	Verein
BLAACK	Richard	F.C. Falke
BERLINER	Siegf.	F.C. Falke
DIEHN	Franz	F.C. Falke
ECK	Carlo	F.C. Falke
EGGERS	Wilh.	F.C. Falke
FREHSE	Otto	F.C. Falke
HAUSCHILDT	H. C.	F.C. Falke
HÖPKER	Fr.	F.C. Falke
HUSADEL	W.	F.C. Falke
KAHRS	Emil	F.C. Falke
KÖSTER	H.	F.C. Falke
KRAEFT	Albert	F.C. Falke
KYNAST	Erich	F.C. Falke
LUDOLPHS	H.	F.C. Falke
LÜDERS	Rob.	F.C. Falke
LÜTGENS	Alb.	F.C. Falke
MONICH	Heinr.	F.C. Falke
NEDING	Paul	F.C. Falke
OELRICH	Alb.	F.C. Falke
OELRICH	Edm.	F.C. Falke
OLSEN	Hans	F.C. Falke
POPP	Alwin	F.C. Falke
REICHERT	Fr.	F.C. Falke
SCHULZ	Helm.	F.C. Falke
STAVE	Fritz	F.C. Falke
STROEBEL	Arn.	F.C. Falke
WAGNER	Paul	F.C. Falke

WIEBEN	Herm.	F.C. Falke
WILMS	Adolf	F.C. Falke
WINDOLF	G.	F.C. Falke
AHRENS	Reinh.	S.C. Germania
APPEL	Paul	S.C. Germania
BAHRS	Alfred	S.C. Germania
BLUNK	Robert	S.C. Germania
BRÜMMER	H.	S.C. Germania
CORINIUS	Herm.	S.C. Germania
DAMMS	Wilh.	S.C. Germania
DEUTESFELD	E.	S.C. Germania
EGGERS	Hans	S.C. Germania
FLÖHR	Kurt	S.C. Germania
JEPSEN	Franz	S.C. Germania
JUNGE	Carl	S.C. Germania
KIRCHHÜBEL	A.	S.C. Germania
KLOPP	Otto	S.C. Germania
KÖRNER	Osw.	S.C. Germania
KRIEGSMANN	G.	S.C. Germania
KROHN	Fritz	S.C. Germania
KUBALL	Max	S.C. Germania
LEMBKE	Thies	S.C. Germania
LOHSE	Walter	S.C. Germania
LORENZ	Jul.	S.C. Germania
LÜHRS	Herm.	S.C. Germania
MARTENS	H.	S.C. Germania
MEISTERFELD	W.	S.C. Germania
OLTMANN	H.	S.C. Germania
PLATE	Otto	S.C. Germania
PLÜNNECKE	H.	S.C. Germania
REICH	Emil	S.C. Germania
ROBERT	P. P.	S.C. Germania
SCHMIDT	Cäs.	S.C. Germania
SCHMIDT	Luis	S.C. Germania
SCHNEPEL	G.	S.C. Germania
SCHRAMM	Felix	S.C. Germania
SCHULZE	Herm.	S.C. Germania
SEIFERT	Jak.	S.C. Germania
VIETZEN	Hans	S.C. Germania
WELLS	Walter	S.C. Germania
WIESE	Hans	S.C. Germania
WOLFFSON	Dr.	S.C. Germania
WÜSTENDÖRFER	W.	S.C. Germania
WULFF	Heinr.	S.C. Germania
ZILIAN	Helm.	S.C. Germania
ABLETTER	W.	H.S.V. v. 1888
AHRENS	Otto	H.S.V. v. 1888

ARENDT	Jul.	H.S.V. v. 1888
BAIER	Jul.	H.S.V. v. 1888
BLOME	Conr.	H.S.V. v. 1888
DÖRR	Rich.	H.S.V. v. 1888
DÜHL	Bernh.	H.S.V. v. 1888
ECKART	F. v.	H.S.V. v. 1888
FREESE	Ferd.	H.S.V. v. 1888
GIESSING	O.	H.S.V. v. 1888
GÖRICKE	Herb.	H.S.V. v. 1888
GÜNTHER	K.	H.S.V. v. 1888
HALMSCHLAG	H.	H.S.V. v. 1888
HANKEN	W.	H.S.V. v. 1888
HASS	Herb.	H.S.V. v. 1888
HUMBRACHT	K.	H.S.V. v. 1888
KAUFMANN	K.	H.S.V. v. 1888
KAYSER	Hans	H.S.V. v. 1888
KRÜGER	Max	H.S.V. v. 1888
LIEBIG	Walter	H.S.V. v. 1888
LÜBKE	Wilh.	H.S.V. v. 1888
LÜTTGE	Ewald	H.S.V. v. 1888
NEUSTÄDT	R.	H.S.V. v. 1888
PENNDORF	P.	H.S.V. v. 1888
PEYSER	Erich	H.S.V. v. 1888
PIETZCKER	R.	H.S.V. v. 1888
QUERMANN	P.	H.S.V. v. 1888
REICH	Hans	H.S.V. v. 1888
REICHERT	Rich.	H.S.V. v. 1888
REINHARDT	H.	H.S.V. v. 1888
ROSENTHAL	H.	H.S.V. v. 1888
SARSTEDT	W. M.	H.S.V. v. 1888
SCHILLING	W.	H.S.V. v. 1888
SCHNEIDERHEINZE	G.	H.S.V. v. 1888
SCHNIEBS	Willy	H.S.V. v. 1888
SCHULZE	Hans	H.S.V. v. 1888
SCHWARZ	H.	H.S.V. v. 1888
SEEMANN	Aug.	H.S.V. v. 1888
SIMON	Walter	H.S.V. v. 1888
STEPPUHN	Max	H.S.V. v. 1888
TACHAU	Rud.	H.S.V. v. 1888
THANISCH	H.	H.S.V. v. 1888
THOMSEN	Kurt	H.S.V. v. 1888
TRESSELT	H.	H.S.V. v. 1888
VETTE	Herm.	H.S.V. v. 1888
VOGEL	Berth.	H.S.V. v. 1888
WEGENER	H.	H.S.V. v. 1888
WIEGELMESSER	O.	H.S.V. v. 1888
WOLFF	Willy	H.S.V. v. 1888

Die ersten großen Erfolge konnte der HSV 1922 und 1923 mit den ersten beiden Meistertiteln feiern. Allerdings verzichtete der Verein auf den ersten Titel von 1922, da sowohl das Finalspiel als auch das Wiederholungsspiel gegen den 1. FC Nürnberg wegen Dunkelheit bzw. Spielermangels bei den Nürnbergern abgebrochen werden mussten. Der DFB erklärte zwar den HSV zum Deutschen Meister, legte dem Verein aber aus sportpolitischen Gründen den Verzicht nahe.

„Das Jahr der schwersten Kämpfe" nennt der Verfasser der nur wenig gewürdigten Festschrift von 1937 die Saison 1921/22. Im Juli/August 1921 war die Liga zu Gast bei schwedischen Sportsfreunden. Drei Siege und eine Niederlage waren die dortigen Erfolge des HSV. Die Herbstserie verlief nicht im Sinne des HSV; dafür sah man die Mannschaft in der Frühjahrsserie wesentlich verbessert. Allerdings konnte St. Georg 1816 (das war der bisherige St. Georger FC) mit knappem Vorsprung die Alsterkreis-Meisterschaft erringen. Nur die Bestimmung, dass der vorjährige Norddeutsche Meister wieder an den Spielen der Norddeutschen Meisterschaft teilnahm, gab der Mannschaft des HSV die große Chance – die dann auch genutzt wurde. Mit einem Vorsprung vor Sportverein Holstein von 1902 (SV Holstein Kiel) gelang abermals der große Wurf.[39]

In der Zwischenrunde zur Deutschen Meisterschaft erhielt der HSV am 4. Juni 1922 in Frankfurt am Main den FC Wacker (München) als Süddeutschen Meister vorgesetzt. Die hoch favorisierten Münchener mit dem Ungarn Alfréd „Spezi" Schaffer (1893-1945) als Mittelstürmer wurden in einem großen Spiel deutlich 4:0 geschlagen. Das Ereignis im schönen Riederwaldstadion ließ die Fußballwelt aufhorchen. Der 1. FC Nürnberg war zum ersten Mal Endspielgegner des HSV. Die Anteilnahme an diesem Ereignis war riesig.

Es folgte der 18. Juni 1922. Der HSV stand im Deutschen Stadion im Grunewald in Berlin zum ersten Mal im Finale um die Deutsche Meisterschaft. Sechs Sonderzüge waren eingesetzt, um die sportbegeisterten Hamburger nach Berlin zu befördern. „Fiebernde Erregung hatte sich aller bemächtigt", so der Chronist zum 50-jährigen Bestehen des Vereins, „als die beiden Mannschaften, mit objektivem Beifall begrüßt, das Grunewald-Stadion betraten".

Die ersten 20 Minuten zeigten ein schönes, verteiltes Spiel. Karl Schneider und Tull Harder gelang ein schönes Durchspiel, der Ball wanderte zu Hans Rave, der dem HSV mit einem platzierten Schuss zur Führung verhalf. Aber sofort nach dem nächsten Anstoß gelang dem Halblinken Nürnbergs, Heinrich „Heiner" Träg (1893-1976), der Ausgleich. Nach einem bald darauf vor dem HSV-Tor stattfindenden Gewühl musste der 25 Jahre alte Torhüter Hans Martens einen harten Ball passieren lassen. Gleich darauf war Halbzeit.

In der 86. Minute gelang es dann dem unvergesslichen und früh verstorbenen Hans Flohr, der bereits 1914/15 beim Hamburger Sport-Verein von 1888 gespielt hatte und von 1919 bis 1924 für den HSV auf dem Feld stand, unter dem

---

[39] Stets kam es zu den Duellen zwischen Holstein Kiel und dem immer stärker werdenden Hamburger SV in den 20er und Anfang der 30er Jahre. Beide Mannschaften teilten sich alle Norddeutschen Titel von 1921 bis 1933 (HSV 10 Titel, Holstein Kiel 3 Titel). (Wikipedia – die freie Enzyklopädie.)

brausenden Jubel der Zuschauer, den Ausgleich zu erzwingen. Gleich darauf deutete der Schlusspfiff von Schiedsrichter Dr. Peco Bauwens (1886-1963), dem späteren Vorsitzenden des Deutschen Fußballbundes, das Ende der regulären Spielzeit an.

Abpfiff nach 186 Minuten

Beide Mannschaften bestanden aber darauf, den Kampf bis zur Entscheidung auszutragen, und erst die einsetzende Dunkelheit (Flutlicht gab es in Berlin noch nicht) machte dem „Schlachten" auf dem Rasen nach sage und schreibe 186 Minuten ein Ende. Der HSV konnte auf seine Mannschaft stolz sein, denn es war ihr gelungen, einem erstklassigen Gegner durch bewunderungswürdige Leistungen Paroli zu bieten. Von den Nürnbergern hieß es, sie seien „der Technik ein Stück voraus" gewesen; aber im Kampfwillen und in der Schnelligkeit habe der HSV auch für sie einen guten Lehrmeister abgeben können.

Spielszene in den 20er-Jahren. HSV-Archiv

Die Mannschaft hatte nun einige Wochen Ruhe, denn erst am 6. August sollte in Leipzig vor 55 000 Zuschauern das Wiederholungsspiel stattfinden. Auch hier war das Ende kurios; denn das Spiel wurde beim Stand von 1:1 von Schiedsrichter Peco Bauwens abgebrochen, weil der Gegner nur noch einen Torhüter und sechs Feldspieler auf dem Platz hatte. Bauwens erklärte den HSV zum Deutschen Meister.

Die Aufstellung: Hans Martens – Albert Beier, Walter Gustav Schmerbach – Hans Flohr, Asbjørn „Assi" Halvorsen, Hans Krohn – Walter Kolzen, Ludwig Breuel, Tull Harder, Karl Schneider, Hans Rave. Beim Wiederholungsspiel in Leipzig stand an Stelle von Schmerbach Rudolf Agte in der Verteidigung.

Albert „Ali" Beier (1900-1972) war erst im Vorjahr (1921) von Union 03 Altona, wo er vier Jahre gespielt hatte, zum HSV gewechselt.

Im November 1922 erklärte der Deutsche Fußball-Bund (DFB) den HSV bei seinem Bundestag in Jena zunächst zum Deutschen Meister. Wenige Minuten später teilte das Hamburger Vorstandsmitglied Henry Barrelet mit, dass der HSV „keinen Anspruch auf die diesjährige Meisterschaft erhebt". Somit gab es 1922 keinen Deutschen Fußballmeister. Auf der Deutschen Meisterschale sind für die Fußballmeisterschaft 1921/22 sowohl der 1. FC Nürnberg als auch der HSV als Meister eingraviert.

Der genannte Henry Barrelet war seit seinem 18. Lebensjahr Mitglied des HSV gewesen. In den ersten Monaten des Jahres 1920 und von Jahresende bis Oktober 1921 war der Rundfunk-Reporter dritter bzw. sechster Präsident seines Vereins, von 1924 bis 1928 führte er den Norddeutschen Fußball-Verband und gründete 1928 neben anderen den Sportplatz-Verein Ochsenzoll. Er starb 1939.

Erst gegen Ende September 1922 brauchte die Mannschaft des HSV in die neu begonnenen Punktspiele einzugreifen. Das Klubhaus wurde einem weiteren Ausbau unterzogen, denn die Mitgliederzahl war inzwischen auf 2600 gestiegen. In dieser Zeit der Inflation gelang es dem HSV durch Notmaßnahmen, wie Umlagen, Sonderbeiträgen und Hilfsbereitschaft der Mitglieder, den Verein stabil zu halten.

Wilhelm Husen vom HSV wurde am 18. August 1922 in Duisburg und erneut 1924 Deutscher Leichtathletik-Meister über 5000 Meter (15.36,5 Min. bzw. 15.23,3 Min.).

Ein schwarzer Tag war für den HSV der 7. Januar 1923, als er in Fürth der Spielvereinigung gegenübertrat und 0:10 verlor. Ersatz, Uneinigkeit und ein krankheitsbedingter Ausfall Halvorsens waren die Ursachen für diesen Misserfolg. Norddeutsche Kritiker machten dem Verein schwere Vorwürfe, und man prophezeite schon den Untergang des HSV, den Victoria am nächsten Sonntag im Punktspiel besiegeln sollte. Victoria, der Favorit, wurde aber klar 4:1 geschlagen, und damit hatte die Mannschaft des HSV bewiesen, dass sie nicht so leicht unterzukriegen war. Mit einem Gesamttorverhältnis von 93:14 wurde die Alsterkreis-Meisterschaft errungen.

Schwere Zeiten waren über Deutschland hereingebrochen. Unter einem Vorwand waren fünf französische Divisionen und einige belgische Einheiten mit rund 60000 Mann am 11. Januar 1923 ins Ruhrgebiet einmarschiert, über welches die Franzosen sofort den Ausnahmezustand verhängten.

Wenige Monate später war die Inflation auf ihrem Höhepunkt. Da man in der Wirtschaft und im Haushalt nur noch Millionen und Milliarden rechnete, wurde auch bei dieser Versammlung eine Erhöhung des Beitrags und der Strafgelder beschlossen. Zahlen sind allerdings nicht genannt. Die Entwertung der deutschen Mark hatte bereits im Kriege begonnen. Danach kamen Milliardenbeträge für die Kriegsentschädigung hinzu, außerdem eine weiche Finanzpolitik und eine ständig steigende Flut neuer Banknoten. Im Sommer 1923 sank die Mark ins Bodenlose.

„Nur mit äußerster Anspannung aller Kräfte", so der Chronist von 1937, „gelang es unserm Verein, das Äußerste abzuwenden". Viele im Ausland lebende Mitglieder spendeten hohe Geldbeträge und waren so eine wertvolle Hilfe.

In diesem Jahr, am 27. Mai 1923, war dem Berliner SC Union Oberschöneweide der große Wurf gelungen, in der Zwischenrunde Fürth mit 2:1 zu schlagen und dadurch Endspielgegner des HSV um die Deutsche Fußballmeisterschaft zu werden.

Unter A. W. Turners Führung sollte der HSV wenig später die erste deutsche Meisterschaft gewinnen. Am Morgen des 10. Juni 1923 starteten fünf Sonderzüge mit Scharen von Hamburger Fußballanhängern nach Berlin, um ihren Finalisten anzufeuern.

Deutscher Meister 1923

Die Endrunde um die deutsche Fußballmeisterschaft des Jahres 1923 (die 16. Meisterrunde) brachte dem Hamburger SV an diesem Tag vor 64000 Zuschauern im ausverkauften Deutschen Stadion im Grunewald in Berlin (das offiziell 60000 Zuschauer fasste), dem Vorläufer des späteren Olympiastadions, gegen SC Union Oberschöneweide den Meistertitel, auf den man im Vorjahr noch verzichtet hatte. Für den HSV standen auf dem Spielfeld: Hans Martens – Albert Beier, Marcel Speyer – Otto Carlsson, Asbjørn Halvorsen, Hans Krohn – Walter Kolzen, Ludwig Breuel, Tull Harder, Karl Schneider, Hans Rave. Die Tore schossen 1:0 Harder (34.), 2:0 Breuel (70.) und 3:0 Schneider (90.).

Deutscher Fußball-Meister 1923. Festschrift von 1937. Foto: Blazek

In der „Freiburger Zeitung" verlautete tags darauf in ihrer Wochenbeilage „Freiburger Sportblatt":

Was der Draht meldet.

Eigene Drahtmeldung.

Endspiel um die deutsche Meisterschaft.

Berlin Stadion. Vor 64000 Zuschauern trafen sich bei herrlichem Wetter in der Endrunde um die deutsche Meisterschaft Hamburger Sp.=V. und F.=C. Union=Oberschönweide. Durch Harder, Breuel und Schneider waren die Hamburger erfolgreich. Ihr Spiel war dem der Berliner weit überlegen. Sie gaben jeder Zeit das Tempo an. Schneider war der Beste der Hamburger. Der Sieg von 3 : 0 (1 : 0) war verdient.

Bayern München–T.=V. Augsburg 3 : 2 (Pokalspiel).
1. F.=C. Nürnberg–Stuttgarter Kickers 1 : 1.
V. f. B. Stuttgart–Sportfr. Stuttgart 3 : 2.
Eintracht Stuttgart–Germania Durlach 1 : 0.

Viele Freunde des HSV blieben noch in Berlin, um am nächsten Tag den triumphalen Einzug in Hamburg mitzuerleben. Eine nach Tausenden zählende Menschenmenge hatte sich am Loignyplatz in Hamburg eingefunden, die Sportjugend bildete entlang der Rothenbaumchaussee Spalier.

Ausbau des Platzes

Der Vereinssportplatz am Rothenbaum hatte schon seit langer Zeit nicht mehr den Ansprüchen genügt, die man an eine erstklassige Anlage stellen konnte. Vor allen Dingen wollte man den HSV-Leichtathleten als Lohn für ihre hervorragenden Erfolge die lang ersehnte Aschenbahn schaffen. So wurde der Entschluss gefasst, den Rothenbaumplatz großzügig aus- und umzubauen. Die männlichen Mitglieder wurden verpflichtet, durch freiwillige Arbeitsstunden, die durch die Zahlung eines Sonderbeitrags abgelöst werden konnten, auch ihren Teil an dem Werk beizutragen. „Marienbader und Karlsbader Kuren konnten so erfolgreich am Rothenbaum erledigt werden", so der Chronist von 1937.

Die Spielzeit 1923/24 wird als für den HSV „denkbar erfolgreich" beschrieben. Erfolgreich waren demnach auch die unteren Mannschaften, die dem Verein 15 Meisterschaften bescherten. Wegen der vielen Meisterschaftsfeiern sollen die Klubräume regelmäßig belegt gewesen sein.

Das Vereinsvermögen schrumpfte in den ersten Monaten der neuen Goldmarkzeit stark zusammen, denn eine neue Wirtschaftskrise vernichtete viele Existenzen, darunter allerdings auch alle so genannten „Scheinblüten", die während der Inflation zutage getreten waren. Der Verein griff hart durch und verlor in dem Zuge „einige hundert Mitglieder", freiwillig oder auf Verlangen.

Die letzten noch ausstehenden Spiele wurden hoch gewonnen, und damit war der HSV wieder einmal Alsterkreismeister. Endlich am 30. März war die Norddeutsche Meisterschaft fällig, ohne Tull Harder, dafür erstmalig mit Hans Lang, mit dem die Mannschaft Holstein Kiel 6:1 schlug.

Ostern stand bevor. Der HSV hatte eine sportpolitische Tat vorbereitet, die in Deutschland breiten Widerhall fand. Als erster englischer Verein waren die berühmten „Corinthians" nach Hamburg gerufen worden. Es waren jene Amateure, die als die besten Herrensportler der Welt galten. „Wie ein Fanal wirkte die Ankündigung in der Hamburger Presse", schreibt der Chronist. Die Corinthians wurden 3:0 geschlagen. Tull Harder hatte alle drei Treffer erzielt. Das Rückspiel am Ostermontag verlor der HSV mit 2:3.

Die Begegnung mit den „Corinthians", Ostern 1924. Links: Tull Harder, dann Schiedsrichter Boas und ein Spieler der „Corinthians". HSV-Archiv

Ende April besuchte das Team wieder Sparta Prag. Das Rückspiel am 4. Mai in Hamburg wurde für den HSV ein großer Triumph. Die tschechische Spitzenmannschaft, die bislang kein Spiel verloren hatte, musste sich dem HSV beugen, der das Spiel mit 0:1 für sich entschied.

Die Deutsche Meisterschaft führte den Verein über Breslau und Leipzig nach Berlin. Am 9. Juni 1924 fuhr der HSV erstmals eine Niederlage in einem Endspiel um die Deutsche Meisterschaft ein. Diesmal gewann der 1. FC Nürnberg im Grunewaldstadion Berlin vor 30000 Zuschauern mit 2:0 (1:0). Für den HSV standen auf dem Spielfeld: Hans Martens, Albert Beier, Walter Risse, Hans Lang, Asbjørn Halvorsen, Hans Krohn, Walter Kolzen, Hugo Fick, Tull Harder, Karl Schneider und Hans Rave.

Die Leichtathleten siegten indes am 1. Juni in der Alsterstaffel.

1924/25 waren die Platzarbeiten beendet. Eine fast gänzlich neue, vorbildliche Anlage war entstanden, die ersten Ansprüchen genügte. Am 3. August 1924 fand die Einweihung durch ein Spiel gegen den 1. FC Nürnberg statt. Man ging 1:1 unentschieden auseinander. Am folgenden Sonntag begegneten sich beide Mannschaften erneut, und HSV siegte mit 3:1. Mittelstürmer Heini Ziegenspeck soll den Nürnbergern „einen heillosen Respekt" eingeflößt haben.

Am 5. Oktober wurde erneut ein sportlicher Leckerbissen dargeboten. Der berühmte Deutsche Fußball-Club Prag wurde vom HSV 2:1 geschlagen.

Mit dem Beginn der Spielzeit 1925/26 wurde beim HSV eine Rugbyabteilung ins Leben gerufen.

Büste von Paul Hauenschild (1882-1962) im HSV-Museum. Hauenschild war 1921-22, 1927-28 und 1949-50 Präsident des HSV und gründete 1928 neben anderen den Sportplatz-Verein Ochsenzoll. Dem Hamburger Fußball-Club von 1888 war er bereits am 7. Februar 1905 beigetreten. Sein ganzes Vermögen in Millionenhöhe vermachte er zu Lebzeiten zweckgebunden für die Anlage in Ochsenzoll. Mit dem Geld wurde nach seinem Tode am 26. April 1962 die Paul-Hauenschild-Stiftung gegründet. Foto: Blazek

Sportplatz Ochsenzoll

Die Gründung des Sportplatz-Vereins Ochsenzoll erfolgte am 16. März 1928. Dafür wurde für 150 000 Reichmark ein Gelände von 128 821 Quadratmetern erworben sowie ein alter Bauernhof namens „Lindenhof".[40] Gründer des Vereins waren Henry Barrelet, Paul Hauenschild, Emil Martens, Ernst Moss, Henry Krüger, Willo Meyering, Hans Schuhmacher und Dr. Walter Tachau. Vom Jahre 1929 an erfolgte die Umgestaltung des Geländes zu Rasen-Sportplätzen. Die dafür erforderlichen Bauarbeiten begannen 1930. Die Sportplätze, neun Fußball- und drei Hockeyfelder, wurden zum größten Teil in Selbsthilfe von Mitgliedern des HSV in freiwilliger Arbeit erstellt. Die Anlage konnte 1930/31 in Benutzung genommen werden, zu diesem Zeitpunkt waren 63 Fußballmannschaften (27 Herren- und 36 Jugendmannschaften) vom HSV gemeldet.[41]

Der nächste Titel folgte 1928, mit einem 5:2 gegen Hertha BSC Berlin.[42]

---

[40] Vgl. über die Örtlichkeit ULRICH PRAMANN, Das bisschen Freiheit, Hamburg 1980, S. 70.

[41] www.hsv-sc.de/verein/hsv-ochsenzoll-ev.html.

[42] Vgl. Auflistung der Deutschen Meister 1903 bis 1957 und der Deutschen Amateur-Fußballmeister, in: Festschrift zum Endspiel um die Deutsche Fußball-Meisterschaft Hamburger SV-FC Schalke 04 am 18. Mai 1958 um 15 Uhr im Niedersachsen-Stadion in Hannover.

Um die deutsche Fußballmeisterschaft.
H. S. V. schlägt Schalke 1904 4 : 2 (2 : 0). Kritische Szene vor dem Schalketor.   Phot. Schütt.

ETV-Platz, 1928: HSV und Schalke in der Endrunde der Deutschen Meisterschaft.
HSV-Archiv

Wieder Deutscher Meister: Am 29. Juli 1928 besiegte der HSV vor gut 40 000 Zuschauern
im Altonaer Stadion im Finale Hertha BSC mit 5:2 und errang damit zum dritten Mal die
Deutsche Meisterschaft. Die Aufstellung war folgende: Wilhelm Blunck – Beier, Risse –
Lang, Halvorsen, Carlson – Kolzen, Ziegenspeck, Harder, Horn, Rave. S. 29 in der Fest-
schrift von 1937. Foto: Blazek

1927/28 hat der HSV von 16 Saisonspielen 14 gewonnen, davon drei zweistellig
(18:5, 11:0 und 10:1). Zu jedem einzelnen Ligaspiel hatten die „Rothosen" per

Straßenbahn anreisen können – die „weiteste" Fahrt war nach Wandsbek gegangen.[43]

Der 30. Januar 1933 ist ein verhängnisvoller Wendepunkt in der Geschichte Deutschlands: Die erste deutsche Demokratie fand ihr Ende, und künftig prägten Hakenkreuzfahnen das öffentliche Straßenbild.

Mit der „Machtübergabe" durch „Hitlers willige Helfer", allgemein als Machtergreifung der Nationalsozialisten bezeichnet, begann für Deutschland das dunkelste Kapitel seiner Geschichte. Auch am Hamburger Sportverein ging der braune Zeitgeist nicht vorüber. Viele marschierten mit, andere passten sich an, Wenige nur versuchten, sich fernzuhalten. Nach und nach wurden Vereine, Verbände, Gewerkschaften, kirchliche und soziale Organisationen von Regime-Kritikern „gesäubert", dem System „gleichgeschaltet" oder aber zerschlagen.

Die politische Denkrichtung dieser Zeit machte sich auch im Vereinsleben bemerkbar. Der Vereinsvorsitzende wurde zum Vereinsführer, der seine Mitarbeiter zu bestimmen hatte. Die Mitglieder wurden aufgerufen, dem Verein mit allen ihnen zur Verfügung stehenden Kräften zu dienen, um ein „Blühen und Gedeihen" zu gewährleisten. Die Pflicht des Vereins war es, seine Mitglieder körperlich zu ertüchtigen.[44]

Die Gleichschaltung schritt rasch voran. So verhielt sich am 3. Mai 1933 auch die Hauptversammlung des Bezirks III (Groß-Hamburg) im Norddeutschen Sport-Verband, als sie sich „einmütig hinter eine – unter zielbewußter Mitwirkung des Sportkommissars der NSDAP, Egon Arthur Schmidt, zustandegekommene – Liste stellte", mit der sie ihre Führung neu regelte und August Bosse zum 1. Vorsitzenden des Bezirks III berief; wenig später, am 15. August 1933, übertrug ihm der Deutsche Fußball-Bund in seinem Bezirk III ebenfalls den Vorsitz.[45]

August Bosse war von 1914 bis 1924 Vorsitzender des Norddeutschen Fußball-Verbandes gewesen und wurde, wie auch Paul Koretz (Hamburg), Hugo Schmidt (Schwerin), Georg B. Blaschke (Kiel), Willi Rave (Hamburg), Wilhelm Quermann (Hannover) und Heino Gerstenberg (Hamburg) später dessen Ehrenmitglied.[46] Bosse starb 1935.

---

[43] HARDY GRÜNE, 100 Jahre Deutsche Meisterschaft – Die Geschichte des Fußballs in Deutschland, Göttingen 2003, S. 160.

[44] Vgl. ausführlich MATTHIAS BLAZEK, Wathlingen – Geschichte eines niedersächsischen Dorfes, Bd. 3: Die Geschichte des VfL Wathlingen 1910-2010, Wathlingen 2010, S. 125 ff: Darin vor allem die Aussagen über die Anpassung der Deutschen Turnerschaft. Der Arierparagraph, das heißt, der Ausschluss von Juden aus Turn- und Sportvereinen, wurde in der Deutschen Turnerschaft wie in den anderen Sportverbänden ohne zwingende Notwendigkeit in vorauseilendem Gehorsam beschlossen und sofort rigoros durchgesetzt.

[45] Kommentierter Blog von Peter Offenheim bei http://eimsnet.blogsport.de/2009/10/24/dokumentation-und-kommentare-2. Arthur Egon Schmidt war Sportbeauftragter des Gaues Nordmark für Hamburg, ein Foto im HSV-Archiv zeigt ihn neben HSV-Präsident Emil Martens und Assi Halvorsen 1933 auf dem Rothenbaum-Sportplatz.

[46] WALTER A. CORDUA, 50 Jahre Norddeutscher Fußball-Verband e.V. 1905-1955, Hamburg o. J. [1955], S. 156.

In die Amtszeit von Emil Martens (1889-1969) als Vereinsvorsitzender fällt 1933 das Aufnahmeverbot für Juden. „Sind Sie rein arischer Abstammung?", lautete damals eine Frage im Aufnahmeantrag. Martens, der bereits 1907 dem Hamburger Fußball-Club von 1888 beigetreten war, den Verein von 1928 bis 1934 führte, unmittelbar danach dessen Ehrenvorsitzender wurde und neben „Papa" Hauenschild und HSV-Präsident Karl Mechlen (1902-1975) zu den Aushängeschildern des HSV zählte, wurde selbst ein Opfer der Nazis: 1934 wurde er von der Sportbehörde seines Amtes enthoben, da er gegen das Amateurstatut verstoßen habe. Homosexueller Handlungen beschuldigt, kam er 1936 ins Gefängnis und wurde später zwangssterilisiert.[47]

Nach der Machtübernahme Adolf Hitlers im Jahre 1933 wurde die Gauliga Nordmark gegründet. Dort wurde der HSV von 1937 bis 1939 und 1941 viermal Meister.[48]

Zeitzeuge Walter A. Cordua schreibt später über den Norddeutschen Sport-Verband in den Jahren 1933-1945: „Es hat an Versuchen nicht gefehlt, den Sport der SA, der Arbeitsfront oder anderen Parteiorganisationen anzugliedern."[49]

Ende des Jahres 1933 entschloss sich die Leitung des HSV, auch eine Frauenabteilung für die Sportarten Leichtathletik und Handball dem Vereinsbetrieb einzugliedern. Der Chronist der Festschrift von 1937 erinnerte sich: „Im ersten Jahre hatte es denn auch den Anschein, als wollte der kleine Stamm von 10 bis 15 Mädeln nicht größer werden und eine kleine Anhängselabteilung des Vereins bleiben. Doch bald, als im Herbst 1934 eine Handballmannschaft gebildet wurde, begann der Aufstieg. Eine Mannschaft, die sich zum größten Teil aus Anfängerinnen zusammensetzte, schaffte auf Anhieb eine ‚Meisterschaft'. Alle Punktspiele in der C-Klasse wurden gewonnen."

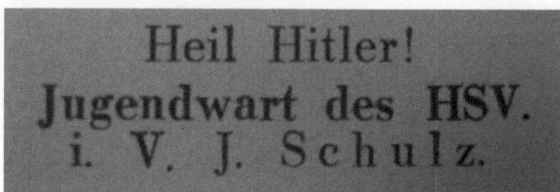

Schlussformel in den Vereinsnachrichten des Hamburger Sport-Vereins e.V. vom November 1936. HSV-Archiv. Foto: Blazek

---

[47] Vgl. ARND KRÜGER, BERND WEDEMEYER-KOLWE (Hrsg.), Vergessen, verdrängt, abgelehnt – Zur Geschichte der Ausgrenzung im Sport, Tagungsbericht der 10. Hoyaer Tagung zur Sportgeschichte vom 10. bis 12. Oktober 2008, Hoya 2008, S. 22.
[48] Über Fußball zur Zeit des Nationalsozialismus vgl. JÜRGEN BITTER, Deutschlands Fußball: das Lexikon, Berlin 2000, S. 352.
[49] CORDUA, wie oben, S. 56.

Gruppenfoto in den Vereinsnachrichten des Hamburger Sport-Vereins e.V. vom Oktober 1936. Daneben steht der Text: „Unsere siegreiche Mannschaft, die mit viel Schneid in einem temperamentvollen Spiel die emporstrebende FC.-St.-Pauli-Elf 5:1 stoppte. Das Spiel zeigte, daß wir zu unseren Jungens auch weiterhin Vertrauen haben dürfen, denn der Geist, mit dem gekämpft wird, ist tadellos. 6 Spiele – 12 Punkte ist bestimmt eine Leistung, die sich sehen lassen kann. Die braunbehosten Clubberer haben die erste Halbzeit einen gefährlichen Gegner abgegeben aber in der zweiten Hälfte wurden sie durch das großartige Spiel unserer Elf ausgepunktet. – Da hätte auch ein gesunder Miller nichts daran geändert. Macht weiter so, Ihr Ligaleute, und auch die letzten Klippen werden sicher umschifft. Darum getreu unserem Schlachtruf: ,Auf Ihr Männer!'" HSV-Archiv. Foto: Blazek

Bei den Gruppenspielen 1937 erzielte die Liga-Mannschaft des HSV einen überzeugenden Sieg. Ohne Punktverlust landete der Verein vor BC Hartha und Beuthen 09. Der HSV hatte sich den Aufstieg in die deutsche Extraklasse zurückerobert und gehörte zu den besten Vier, die die Deutsche Meisterschaft unter sich auszumachen hatten. Der Chronist der Festschrift von 1937 berichtet von einem „heroischen Kampf" der jungen dezimierten Mannschaft gegen die bewährten Fußballer vom 1. FC Nürnberg im Berliner Stadion. Die Gruppenmeister im Jubiläumsjahr waren folgende: Warning – Dörffel I, Bohn – Greifenberg, Reinhardt, Kahl – Sikorski, Dörffel II, Hoeffmann, Noack, Carstens. Foto: Blazek

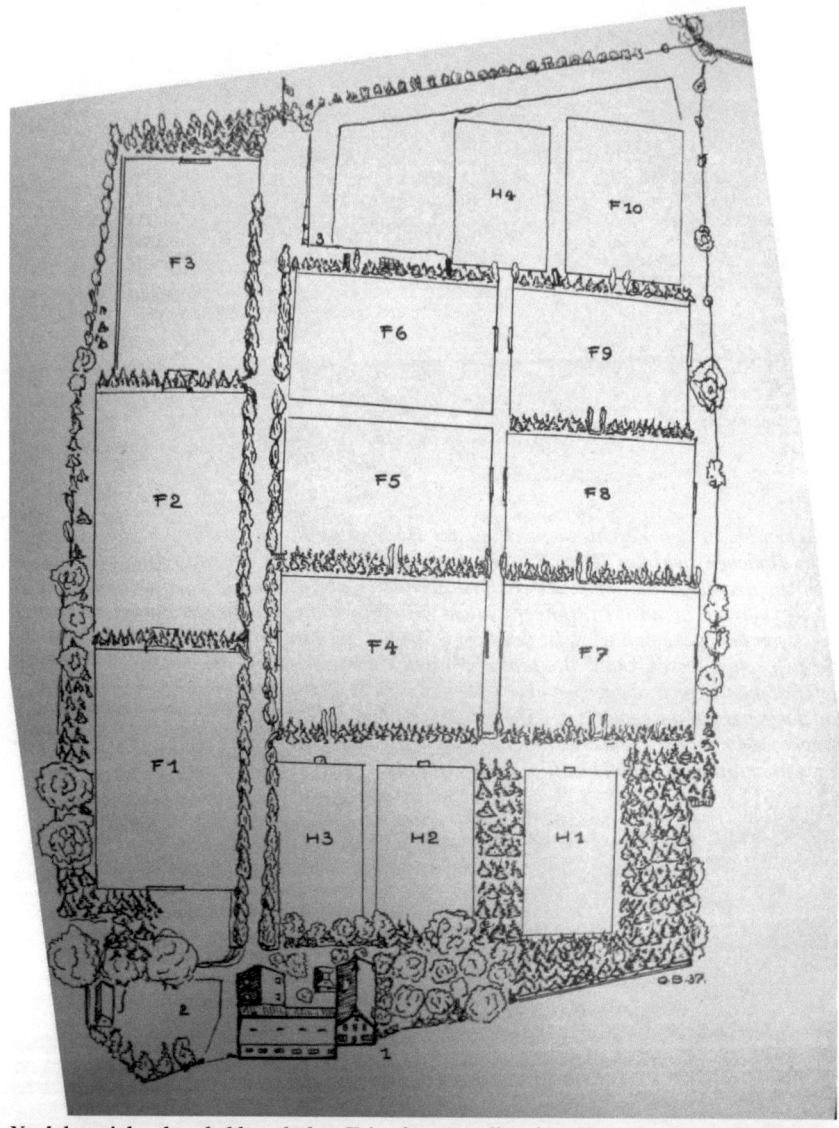

Nachdem sich schon bald nach dem Krieg herausstellte, dass die vorhandenen Pachtplätze um Forsthof für den großen Spielbetrieb des Vereins mit seinen zahlreichen Abteilungen und Mannschaften nicht mehr ausreichten, sah man sich nach einem eigenen Gelände um und erwarb 1928 das große Restaurant „Lindenhof" mit umliegenden Wiesengelände von rund 130000 m². Hier entstand in den nachfolgenden Monaten die Sportplatzanlage Ochsenzoll. Zu sehen ist hier 1 Klubhaus, Garten, Umkleideraum, Jugendlager, 2 Parkplatz, 3 Hindernisbahn, F 1-10 Fußball- und Handballplätze, H 1-4 Hockeyplätze. Grafik entnommen aus: Festschrift 50 Jahre HSV 1887-1937, S. 49. HSV-Archiv. Foto: Blazek

Im Jahre 1937 feierte der HSV sein 50-jähriges Jubiläum mit einer Begegnung des HSV mit dem 1. FC Nürnberg am 28. August 1937 (Rothenbaum-Stadion),

78

einer Ligabegegnung von HSV Liga mit 1. FC Nürnberg Liga am 19. September (10-mal Halbe-Runde-Staffel Rothenbaum), einem Kameradschaftsabend am 22. September, einem Festball am 25. September und einer Begegnung HSV Liga gegen FC Schalke 04, Gelsenkirchen, am 26. September.

Zum Jubiläum erschien eine Chronik, in dessen Widmung im Einband der Reichsstatthalter und NS-Gauleiter Karl Kaufmann (1900-1969), der kurz nach Hitlers Machtübernahme nach Hamburg gekommen war, zitiert wird mit den Worten: „Sport und Leibesübungen sollen in der Jugend eine ständige Bereitschaft zum Vaterland erzeugen".

Hamburgs Fußballidol Heinz Spundflasche (1919-1972) kam 1937 vom Polizei SV Hamburg zum Hamburger SV, für den er bis 1952 in 150 Oberliga- und Endrundenspielen 39 Tore schoss. 1947 und 1948 führte er den HSV zur Meisterschaft der britischen Zone.[50]

Neubeginn 1945

Bereits am 16. Juli 1945 hatte der HSV sein erstes Spiel nach dem Zweiten Weltkrieg, und zwar am Rothenbaum gegen Altona 93. Für den 2:0-Sieg sorgten: Jürissen – Adamkiewicz, Been – Greifenberg, Erwin Seeler, Knüppel, Struck, Stenull, Rohwedder, Ventzke, Melkonian.[51]

Zonenmeister 1947/48. HSV-Archiv

Am 14. September 1947 gewann der HSV durch drei Tore von Fred Boller das erste Spiel in der neu gegründeten Oberliga Nord beim Bremer SV (Endstand 3:1).

---

[50] Hamburgische Biografie – Personenlexikon, hrsg. von FRANKLIN KOPITZSCH und DIRK BRIETZKE, Bd. 2, Göttingen 2003, S. 404.
[51] http://imtech-arena.de/museum/ereignisse/view/11. Aus dieser Präsentation auch die Wertung bei der Darstellung neuzeitlicher Ereignisse in der Vereinsgeschichte des HSV.

Die Oberliga Nord war jetzt die höchste regionale Spielklasse. Der HSV dominierte die Oberliga Nord total und sammelte bis zur Gründung der Bundesliga 15 Meistertitel der Nordstaffel.[52]

Am 28. September 1947 feierte der HSV sein 60-jähriges Stiftungsfest. Der Festakt fand im Deutschen Schauspielhaus statt. Mitglieder des soeben gegründeten Sinfonie-Orchesters des Nordwestdeutschen Rundfunks (NWDR) unter der Leitung von Werner Rother „Beethovens Egmont-Ouvertüre". HSV-Präsident Karl Mechlen, der den Verein durch die letzten Kriegsjahre geführt hatte, hielt den Festvortrag zum Jubelfest, ehe gemeinsam das im Festprogramm abgedruckte Vereinslied gesungen wurde:

Vereinslied des HSV
(erster und letzter Vers)

Hamburgs Nestor auf dem Rasen,
Nennt sich stolz der HSV
Jugend, Kraft und Glück zu wahren
Deutschem Manne, deutscher Frau,
ist sein Streben, ist sein Hoffen,
Jung und Alt tritt dafür ein,
Unsre Kampfbahn, sie liegt offen,
Edlem Wettstreit sei sie Heim.

Und wenn dereinst nach vielen Jahren,
Das Geschick uns hat zerstreut,
Wir des Lebens Meer befahren,
Denken an die Jugendzeit,
Wenn die Sehnsucht sich wird rühren,
Nach dem alten Freundeskreis,
Dann sollen uns zusammenführen
Unsre Farben blau-schwarz-weiß!

Danach folgten zunächst die „Oberon-Ouvertüre" von Carl Maria von Weber und schließlich eine Komödie mit dem Titel „Was kam denn da ins Haus?", eine Komödie in drei Aufzügen von Lope de Vega.

Uwe Seeler wurde 1948 von Günter Mahlmann zum HSV geholt, wo bereits sein Vater und Bruder Dieter spielten. Die 20 Kilometer von der Wohnung der Eltern zum Trainingsgelände in Ochsenzoll fuhr der viel gelobte Mittelstürmer

und spätere Bundesliga-Torschützenkönig mit dem Fahrrad.[53]

Jupp Posipal

Mit Datum 30. Juni 1949 wechselte Georg „Schorsch" Knöpfle (1904-1987) als neuer Trainer von Arminia Hannover zum HSV. Als „Morgengabe" brachte er den aus Rumänien stammenden Weltmeister von 1954 Josef „Jupp" Posipal (1927-1997) mit.

← Jupp Posipal im Spiel HSV gegen Altona 93. HSV-Archiv

---

[52] Vgl. Hannoversche Volksstimme, Jahrgänge 1947, 1948, Hannoversches Nachrichtenblatt der alliierten Militärregierung, Jahrgang 1945.
[53] www.ndr.de/sport/legenden/seeler110.html.

Im Sommer 1950 wurde dem HSV eine ganz besondere Ehre zuteil. Als erster deutscher Verein nach dem Krieg durfte der Verein am 4. Mai 1950 eine „Goodwill-Reise" nach den Vereinigten Staaten von Amerika unternehmen. Bilanz: sechs Spiele in drei Wochen, sechs Erfolge.

Jupp Posipal gab am 17. Juni 1951 beim ersten Länderspiel gegen die Türkei im Berliner Olympiastadion vor 90 000 Zuschauern sein Debüt als Nationalspieler. Es war eines seiner besten Spiele als Mittelläufer, wenngleich Deutschland 1:2 unterlag.

Der Stürmer Herbert Wojtkowiak (1922-1990) wurde in diesem Jahr mit 40 Treffern deutscher Torschützenkönig und stellte damit in der Runde 1950/51 den „ewigen" Rekord in der Fußball-Oberliga Nord auf.

Hinten links: Walter Schemel, Karl-Heinz Liese, Werner Harden, Ralph Pendorf, Franz Klepacz, Herbert Wojtkowiak, Jupp Posipal, Heinz Spundflasche, Manfred Krüger. Vorne links: Fritz Laband, Otto Globisch, Rolf Börner. Zeitungs-Repro: Blazek

Momentaufnahme: Sonntag, 8. Juni 1952

Hamburger SV gegen FC Schalke 04: 8:2

Tore:

1 : 0 Franz Klepacz (19')

2 : 0 Ralph Pendorf (39')

3 : 0 Herbert Wojtkowiak (46')

3 : 1 Hans Kleina (56')

3 : 2 Heinz Kuzniewski (64')

4 : 2 Franz Klepacz (67')

5 : 2 Franz Klepacz (71')

6 : 2 Herbert Woitkowiak (85')

7 : 2 Werner Harden (87')

8 : 2 Ralph Pendorf (90')

Hamburger SV:	FC Schalke 04:
Fritz Laband	Klaus Hartenstein
Jupp Posipal	Walter Zwickhofer
Franz Klepacz	Heinz Kuzniewski
Ralph Pendorf	Hermann Eppenhoff
Werner Harden	Günter Siebert
Jochen Meinke	Werner Kretschmann
Karl Grote	Gert Rappenberg
Herbert Woitkowiak	Berni Klodt
Karl-Heinz Liese	Paul Matzkowski
Rolf Börner	Hans Kleina
Walter Schemel	Helmut Malinowski

1952 gastierte die indische Fußball-Nationalmannschaft in Hamburg. Als ob das nicht schon exotisch genug gewesen wäre, liefen fünf der Asia-Kicker barfuß auf. HSV-Spieler Jochenfritz Meinke erinnert sich später (Spiegel online Sport vom 11. Oktober 2010): „Das Trommeln half, denn es strömten mehr als 15.000 Interessierte ins Billtalstadion. Das war dort eine durchaus beachtliche Zahl, denn normalerweise verirrten sich nie mehr als 3000 Fans zu den Spielen des ASV Bergedorf 85. Auch wenn es nur ein Freundschaftsspiel war, wollten wir uns natürlich keine Blöße geben. Wir wollten den Fans was bieten. Doch ehe wir uns versahen, stand es 1:3." Am Ende gewann der HSV aber 5:3. Foto: HSV-Archiv

Uwe Seeler bestritt am 5. August 1953 als 16-Jähriger im Freundschaftsspiel gegen Göttingen 05 sein erstes Spiel in der Liga-Mannschaft des HSV. Göttingen unterlag 0:1.

Am 2. Mai 1954 standen Uwe Seeler und Klaus Stürmer als Jugendliche zum ersten Mal in der 1. Mannschaft. Beim 6:3 gegen den SV Stuttgarter Kickers erzielte Uwe Seeler zwei Tore, Klaus Stürmer traf einmal.

Gegen den VfB Oldenburg gab Uwe Seeler am 29. August 1954 sein Debüt in der Oberliga und erzielte zugleich sein erstes Oberliga-Tor.

Klaus Stürmer und Uwe Seeler feierten gegen Frankreich in Hannover am 16. Oktober 1954 ihren Einstand in der A-Nationalmannschaft.

Saison 1954/55

Kader:[54]

Tor: Schnoor, Wolf
Feld: Wojtkowiak, Posipal, Harden, J. Meinke, Börner, Liese, Laband, Schemel, Klepacz, Pendorf, Schlegel, Schildt, U. Seeler, K. Stürmer, J. Werner, Herbert Broockmüller
Ab: Betz, Ihns, Krüger, Hertle, Botschin, Freese
Zu: Wolf, Schildt, U. Seeler, K. Stürmer, i.d.S: J. Werner
Vorsitzender: Carl-Heinz Mahlmann (1954/55)
Manager: keiner
Trainer: Martin Wilke / Günter Mahlmann (1954/55)

Titel: Nordmeister

Norddeutscher Meister 1954-55 (von links): Harden, Seeler, Stürmer, Meinke, Schnoor, Posipal, Laband, Liese, Woitkowiak, Schlegel. Vorne Schemel, Börner, Klepacz, Schildt. HSV-Archiv

Im Jahre 1955 feierte der Norddeutsche Fußball-Verband sein 50-jähriges Jubiläum. Der aus Güstrow stammende frühere Verbandsfunktionär und Sportschriftsteller Walter A(dolf) Cohn (1882-1965) legte zu diesem Anlass eine wertvolle, fest eingebundene Festschrift auf, auf die in der vorliegenden Arbeit mehrfach zurückgegriffen worden ist. In dem im Eigentum des Verfassers befindlichen Exemplar hat sich Peco Bauwens mit einer Widmung verewigt:

---

[54] http://www.moeller-hsv-eck.de/Dokumente/1954-55%20d.htm.

„Wer bewirkt, daß dort, wo bisher <u>ein</u> Halm wuchs, nunmehr deren <u>zwei</u> wachsen, der leistet mehr für sein Volk als ein Feldherr, der eine Schlacht gewinnt, "

sagte Friedrich der Große. Idealisten waren es, die um die Jahrhundertwende Fußballvereine gründeten, auf kargstem Boden, wo <u>kein</u> Halm wuchs spielten, am Widerstand erstarkten, nach und nach fruchtbaren Boden schufen, auf dem dann Halm um Halm wuchs und schließlich ein blühendes, immer neue Triebe ansehendes Aehrenfeld erstand.

An diesem unserm Volk dienendem Werk, hat der <u>Norddeutsche Fußballverband</u> in den Jahren seines Bestehens wesentlichst mitgearbeitet. Leuchtende Vorbilder wie <u>August Bosse</u>, der form- und klangvollendete Redner und <u>Adolf Jäger</u>, im Können und in sportlicher Haltung unerreicht, hielten den Geist der Gründer bis auf den heutigen Tag wach, um so den <u>Norddeutschen Fußballverband</u> zu einem der stärksten Eckpfeiler des <u>Deutschen Fußballbundes</u> zu machen.

Dem Dank des <u>DFB</u> für treueste Mitarbeit am Auf- und Ausbau unseres einen deutschen Volkssport gewordenen Fußballsports Ausdruck geben zu dürfen, um damit unsere herrlichsten Glückwünsche zu verbinden, ist für mich, als einer in all der Zweit mit dem <u>N.F.V.</u> engst Verbundenen eine besondere Freude.

> *Peco Bauwens.*
> *Vors. des Deutschen Fußballbundes.*

Peco Bauwens, eigentlich Peter Joseph Bauwens, wurde im Jahre 1950 zum ersten Präsidenten des DFB nach dem Zweiten Weltkrieg gewählt und amtierte bis 1962.

Der HSV verlor am 5. August 1956 vor 25 000 Zuschauern im Wildparkstadion in Karlsruhe das DFB-Pokal-Finale gegen den Karlsruher SC mit 1:3. Am 23. Juni 1957 unterlag er im Meisterschaftsendspiel Borussia Dortmund mit 1:4.

Am 18. Mai 1958 unterlag der HSV erneut im Finale der Deutschen Meisterschaft, diesmal 0:3 gegen Schalke 04, der damit zum siebten (und vorerst letzten) Mal Deutscher Meister wurde.

Im Finale gegen den 1. FC Köln gab es am 25. Juni 1960 im Waldstadion in Frankfurt vor 71 000 Zuschauern einen 3:2-Sieg. In der Meistermannschaft standen sieben Spieler, die aus der eigenen Jugend stammten. Die Meisterelf: Horst Schnoor – Erwin Piechowiak, Gerhard Krug – Jürgen Werner, Jochenfritz Meinke, Dieter Seeler – Klaus Neisner, Horst Dehn, Uwe Seeler (schoss das 1:1 in der 53. und das 3:2 in der 87. Minute), Klaus Stürmer, Gert Dörfel (2:1 in der 79. Minute).[55]

Uwe Seeler Fußballer des Jahres

Uwe Seeler wurde im gleichen Jahr Deutschlands erster „Fußballer des Jahres".

2. November 1960: Das erste Europacupspiel der Vereinsgeschichte des HSV endete mit einem 5:0 bei dem Schweizer Meister Berner Sport Club Young Boys.

---

[55] http://de.wikipedia.org/wiki/Hamburger_SV/Namen_und_Zahlen.

Deutsche Meisterschaft 1960. HSV-Archiv

Am 28. Juli 1962 beschlossen die Delegierten der einzelnen Landesverbände auf dem DFB-Bundestag im Goldsaal der Dortmunder Westfalenhalle schließlich mit 103:26 Stimmen die Einführung der Bundesliga zur Saison 1963/64.[56] Der HSV erhielt am 11. Januar 1963 neben acht weiteren Klubs ohne Auflagen die Lizenz von 46 Bundesliga-Bewerbern. Am 14. August 1963 gelang es dem HSV, mit einem 3:0 gegen Borussia Dortmund im Finalspiel in Hannover, erstmals DFB-Pokalsieger zu werden. Alle drei Treffer erzielte „uns Uwe", der 1964 zum zweiten Mal „Fußballer des Jahres" wurde.

Legenden unter sich: Brasiliens Fußballidol Pelé (FC Santos) und Uwe Seeler. Am 20. Oktober 1962 spielten der HSV und der FC Santos im Freundschaftsspiel 3:3. HSV-Archiv

---

[56] Wikipedia – die freie Enzyklopädie.

Der HSV ist Gründungsmitglied der Fußball-Bundesliga. Der erste Spieltag der ersten Bundesliga-Saison war der 24. August 1963, als der HSV vor 30 000 Zuschauern in Münster gegen Preußen Münster antrat.

Trotz seiner Dominanz im Norden, konnte der Verein vorerst keine weiteren Meistertitel erlangen. Am 10. Juni 1967 verlor der HSV das Pokal-Finale gegen Bayern München mit 0:4. Am 23. Mai 1968 gab es im Finale um den Europapokal der Landesmeister in Rotterdam eine 0:2-Niederlage gegen den AC Mailand.

Uwe Seelers Hinterkopfballtor im Viertelfinale gegen England bei der Fußball-Weltmeisterschaft 1970 zählt zu den legendären Kopfballtoren. Dem Stürmer gelang damit bei der Revanche für Wembley 1966 das wohl berühmteste Tor seiner Karriere. Das Spiel fand im Stadion von Léon (Mexiko) am 14. Juni 1970 statt. Der englische Torhüter Peter Bonetti war chancenlos. Das Viertelfinalspiel endete für Deutschland mit dem Spielstand 2:3.

1970 hieß der „Fußballer des Jahres" zum dritten Mal Uwe Seeler, der am 1. Mai 1972 vor 62 000 Zuschauern im Volksparkstadion seinen Abschied vom aktiven Fußball mit einem Spiel gegen eine internationale Auswahl nahm.

Elfmeterspezialist Manfred Kaltz

Bei den XX. Olympischen Spielen 1972 in München wurde zwischen dem 26. August und dem 10. September ein Wettbewerb im Fußball ausgetragen. Der Außenverteidiger Manfred Kaltz, Jahrgang 1953, Elfmeterspezialist und nach verschiedenen Darstellungen erfolgreichster Spieler in der Geschichte des HSV, gehörte 1972 zum Olympia-Aufgebot der Spiele von München.

Am 24. April 1973 bestritt der 34-jährige Willi Schulz im Volksparkstadion sein Abschiedsspiel. Vor 32 000 Zuschauern unterlag der HSV einer Welt-Auswahl mit 2:5. Kurz darauf gewann er mit dem HSV laut Wikipedia – der freien Enzyklopädie aber noch den erstmals ausgetragenen DFB-Ligapokal und damit den einzigen Titel seiner Profilaufbahn.

Am 6. Juni 1973 gewann der HSV durch ein 4:0 gegen Borussia Mönchengladbach den Deutschen Ligapokal, und am 26. November 1973 wurde der 51 Jahre alte Dr. Peter Krohn neuer Präsident. Von 1975 bis 1977 war er dann Manager des HSV.

Das Pokalfinale gegen Frankfurt 17. August 1974 verlor der HSV mit 1:3.

Dafür errang der Verein am 26. Juni 1976 im Frankfurter Waldstadion vor 61 000 Zuschauern seinen zweiten Pokalsieg durch ein 2:0 über Kaiserslautern.

Am 11. Mai 1977 wurde den Hanseaten der erste große internationale Erfolg beschert: Mit einem 2:0 über den belgischen RSC Anderlecht gewann der HSV im Olympiastadion in Amsterdam den Europapokal der Pokalsieger. Die Tore schossen Georg Volkert (82. Minute, Foul-Elfmeter) und Felix Magath (90.).

Die Aufstellung der ersten HSV-Europacupsieger: Kargus, Kaltz, Ripp, Nogly, Hidien, Memering, Magath, Steffenhagen, Keller, Reimann, Volkert.

Elfmetertöter Rudi „Rudi" Kargus, 1952 geboren und von 1971 bis 1980 beim HSV, hat als Torhüter des Hamburger SV in den Jahren 1976 den DFB-Pokal, 1977 den Europapokal der Pokalsieger und 1979 die Deutsche Fußballmeisterschaft gewonnen. Kargus ist bis heute (2012) mit insgesamt 24 gehaltenen Strafstößen der beste „Elfmetertöter" der Bundesliga-Geschichte.

Kevin Keegan spielte 1977 bis 1980 beim HSV

HSV-Manager Peter Krohn präsentierte am 25. Mai 1977 den 26 Jahre alten Weltstar Kevin Keegan, zuletzt der beliebteste und einer der besten Fußballspieler Englands. Dem HSV blieb er bis 1980 treu.

Vom 1. Januar 1978 bis 1986 war Günter Netzer HSV-Manager.

Jetzt begann die wohl erfolgreichste Zeit des Vereins. Der HSV wurde zwischen 1979 und 1983 dreimal Deutscher Meister.

Hermann Rieger genießt im Klub und bei den Fans Kultstatus. Das Urgestein des HSV, 1941 in Mittenwald geboren, wurde 1978 Masseur und somit die gute Seele des HSV. „Ich habe meinen ersten Arbeitstag 1978 am Rothenbaum verbracht. Das erste Training fand unter Branco Zebec statt, es war eine Art Showtraining, etwa 5000 Zuschauer waren da", erinnerte sich Rieger im Magazin des HSV Supporters Club, „supporters news", vom Mai 2004. Hermann Rieger war bis zu seiner Pensionierung 2005 Masseur beim HSV, er wurde für sein Lebenswerk als Hamburger 2011 geehrt.

Manager Günter Netzer verpflichtete am 1. Juli 1978 den Kroaten Branislav „Branko" Zebec (1929-1988) als Trainer des HSV. Der Verein wurde am 9. Juni 1979 zum ersten Mal seit Beginn der Bundesliga Meister. Das Team von Trainer Branko Zebec stellte damals mit 78 Toren die erfolgreichste Offensive.

Hamburger SV - Eintracht Frankfurt 5:0 (4:0)

Sonnabend, 08.03.1980, 15.30 Uhr
Bundesliga 1979/1980, 24. Spieltag
33000 Zuschauer, Schiedsrichter: Walter Engel (Reimsbach)

Tore:

1:0 Horst Hrubesch 7.
2:0 Manfred Kaltz 25.
3:0 Jürgen Milewski 29.
4:0 Willi Reimann 30.
5:0 Horst Hrubesch 86.

Aufstellung Hamburger SV:

Rudolf Kargus
Manfred Kaltz
Ivan Buljan
Peter Hidien
Ditmar Jakobs
Jimmy Hartwig

Holger Hieronymus
Felix Magath
Horst Hrubesch
Jürgen Milewski
Willi Reimann

Aufstellung Eintracht Frankfurt:

Jürgen Pahl
Helmut Müller
Willi Neuberger
Rigobert Gruber
Charly Körbel
Jürgen Grabowski
Werner Lorant
Bernd Nickel
Norbert Nachtweih
Ronald Borchers
Harald Karger

Wechsel Hamburger SV:

Peter Nogly für Ditmar Jakobs (46.)
Waldomir Pacheco Buca für Willi Reimann (46.)

Wechsel Eintracht Frankfurt:

Stefan Lottermann für Bernd Nickel (46.)
Fred Schaub für Norbert Nachtweih (57.)

Fred Schaub, der aus der Nähe von Fulda kam, schoss die Eintracht 1980 zum Europacupsieg. 2003 ist er bei einem Verkehrsunfall tödlich verunglückt.

Beim Europapokal der Landesmeister 1979/80 besiegte der HSV im Halbfinale immerhin Real Madrid. Das Hinspiel war am 9., das Rückspiel am 23. April 1980. Das Hinspiel ging für den HSV mit 2:0 verloren, während das Rückspiel mit 1:5 endete. Das Finale gegen Nottingham Forest am 28. Mai 1980 ging dann verloren mit 1:0.

Am 16. November 1980 meldete Präsident Dr. Wolfgang Klein die Verpflichtung von Franz Beckenbauer, deutschem und europäischen Fußballer des Jahres 1976, Beckenbauer, der wenige Monate nach Ende des letzten großen Krieges in München zur Welt gekommen war, beendete nach seinem Engagement beim HSV 1982 seine aktive Laufbahn.

In Beckenbauers Zeit wurde am 1. Juli 1981 der Österreicher Ernst Happel (1925-1992) neuer Trainer des HSV. Unter Erfolgstrainer und Unikat Happel wurde der HSV 1982 und 1983 Deutscher Meister, 1983 Europapokalsieger der Landesmeister und 1987 DFB-Pokalsieger.

Im Mai 1982 verlor der HSV beide UEFA-Pokal-Finals gegen den IFK Göteborg. Dafür gewann er am 29. Mai 1982 erneut die Deutsche Meisterschaft. Der 31 Jahre alte Horst Hrubesch wurde mit 27 Treffern Torschützenkönig.

Unter Bundesligatrainer Ernst Happel entwickelte sich der HSV zu einer europäischen Spitzenmannschaft, die 1983 ihren Höhepunkt erreichte. Als Außenseiter gingen die Hamburger am 25. Mai in das Finale von Athen um den Europacup der Landesmeister gegen Juventus Turin. Gerade einmal acht Minuten waren gespielt, als Felix Magath an den Ball kam, Roberto Bettega aussteigen ließ und das Leder unhaltbar an Startorwart Dino Zoff vorbei ins Tor schoss. Der HSV verteidigte seinen Vorsprung und war die beste Mannschaft Europas. Für Felix Magath war es der größte Moment seiner Vereinskarriere. „Mein emotionalster Moment", sagte er später.

Endergebnis: 1:0. Das Aufgebot: Felix Magath, Lars Bastrup, Wolfgang Rolff, Ditmar Jakobs, Manfred Kaltz, Horst Hrubesch, Bernd Wehmeyer, Holger Hieronymus, Jürgen Groh, Jürgen Milewski, Uli Stein, Thomas von Heesen (eingewechselt), Trainer: Ernst Happel.[57]

Der HSV verteidigte am 6. Juni 1983 seinen Titel als Deutscher Meister. Am 20. Dezember 1983 fuhr er eine 1:2-Niederlage nach Verlängerung im Weltpokal-Finale gegen Gremio Porto Alegre in Tokio ein.

DFB-Pokal 1987

Der letzte große Titel gelang den Hamburgern 1987 mit dem erneuten Gewinn des DFB-Pokals durch einen 3:1-Sieg am 20. Juni 1987 gegen die Stuttgarter Kickers. Danach versank der HSV im Mittelmaß und musste zeitweise sogar gegen den Abstieg spielen. Erst 2003 gelang, mit dem Gewinn des Ligapokals, wieder ein Titel. In der Bundesliga hatte sich der Verein mittlerweile wieder stabilisiert und gehörte zu den Spitzenmannschaften der Liga.

Beim Supercup zwischen Bayern und HSV am 28. Juli 1987 (2:1) streckte HSV-Keeper Uli Stein (1980-1987 und 1994/95 beim HSV) den Doppel-Torschützen Jürgen Wegmann mit einem Faustschlag nieder – es folgten Rot und Entlassung in Hamburg.

Dem 1959 geborenen Mladen Pralija, der 1987 zum HSV kam, wo er Uli Stein ersetzte, wurde später der zweifelhafte Titel „schlechtester Torhüter aller Zeiten" zuteil.

HSV-Abwehrchef Ditmar Jakobs war der Pechvogel des Derbys am 9. September 1989. Nach einer klärenden Aktion rutschte er ins Tornetz und blieb mit dem Rücken an einem Karabinerhaken hängen. Als Folge dieser Verletzung musste der damals 36-Jährige seine Karriere beenden.

Der HSV stand 1991 vor enormen finanziellen Problemen und musste am 26. Juni 1991 Thomas Doll an Lazio Rom verkaufen. Die Ablösesumme lag bei 16 Millionen Mark.

Es kam der 5. September 1994. Am Rothenbaum sollten nach dem Wunsch der Freien und Hansestadt Hamburg Wohnungen entstehen. Der HSV bemühte sich erfolglos darum, dass die Traditions-Anlage unter Denkmalschutz gestellt werde. Die Abrissarbeiten begannen also.

---

[57] Vgl. http://www.hsv-history.de/bundesliga198283.html (mit Mannschaftsfoto).

Uwe Seeler wurde am 27. November 1995 neuer Präsident des HSV.

Der Umbau des Volksparkstadions begann 1998. Werner Hackmann war jetzt 1. Vorsitzender und Holger Hieronymus, späterer Geschäftsführer der Deutschen Fußball-Liga, verantwortlich für den sportlichen Bereich.

Rolf Mares übernahm im November 1998 das Amt des Vorstandsvorsitzenden. Werner Hackmann (als Geschäftsführer), Holger Hieronymus (als Sportchef) sowie Joachim Hilke vom Vermarkter UFA gehörten aktuell dem Vorstand an. Am 19. Juli 1999 trat Mares bereits zurück.

Das neue Volksparkstadion wurde am 21. August 1999 beim Spiel gegen den VfB Stuttgart eröffnet – allerdings war das Stadion noch nicht komplett überdacht. Endgültig fertig gestellt war das Stadion erst zu Beginn der Saison 2000/2001.

Die 1953 auf Trümmerschutt wieder errichtete Imtech Arena, so der heutige Name, trug bis Juni 2001 den Namen Volksparkstadion, dann bis Juli 2007 AOL Arena und bis Juni 2010 HSH Nordbank Arena. Zur Fußball-Weltmeisterschaft 2006 hieß es „FIFA WM-Stadion Hamburg", zu den Europapokalspielen lautet die offizielle Bezeichnung Hamburg Arena. HSV-Archiv

Werner Hackmann wurde im November 1999 neuer 1. Vorstandsvorsitzender. Holger Hieronymus war 2. Vorstandsvorsitzender und Sportchef. Der HSV beendete die Bundesliga-Saison 1999/2000 hinter dem FC Bayern München und Bayer 04 Leverkusen als Tabellen-Dritter und war somit zur Qualifikation für die UEFA Champions League berechtigt.

Im August 2000 qualifizierte sich der HSV in zwei Spielen gegen Bröndby IF (2:0 und 0:0) für die UEFA Champions League. Die Gegner in der Gruppe E lauteten Juventus Turin, Deportivo la Coruna und Panathinaikos Athen.

Am 13. September 2000 spielte der HSV im neuen Volksparkstadion erstmals in der UEFA Champions League. Juventus Turin, der Gegner aus dem Finale von 1983, war zu Gast. Endergebnis: 4:4. Das Spiel ging als „Jahrhundertspiel des HSV" in die Geschichte ein.

Am 8. November 2000 qualifizierte sich der HSV als dritter der Vorrunde der UEFA Champions League Gruppe E für den UEFA-Cup. Der Gegner: Associazione Sportiva Roma (AS Rom).

Nach zwei Niederlagen gegen den AS Rom (0:1, 0:3) schieden die Hanseaten am 7. Dezember 2000 aus dem UEFA-Cup aus.

Am 1. Februar 2003 wurde Bernd Hoffmann neuer Vorstandschef, er blieb bis zum 16. März 2011 im Amt.

Zum ersten Titel nach 16 Jahren kam der HSV im Juli 2003 mit dem Gewinn des DFB-Ligapokals durch einen 4:2-Sieg im Finale gegen Borussia Dortmund. Die Grundlage für den Sieg legte das Team von Trainer Kurt Jara bereits in den ersten 20 Spielminuten, als Nico-Jan Hoogma (2.), Rodolfo Cardoso (12.) und Naohiro Takahara (18.) schnell eine 3:0-Führung herausschossen. HSV-Neuzugang Stefan Beinlich erzielte in der 68. Minute das 4:2.

Eine Schicksalsstunde für den deutschen Fußball war das Skandalspiel des HSV gegen den Regionalligisten SC Paderborn 07 am 21. August 2004, bei dem eine Manipulation des Schiedsrichters Robert Hoyzer festgestellt wurde. Hoyzer, dem noch weitere Manipulationen nachgewiesen wurden, wurde 2005 vom Deutschen Fußball-Bund (DFB) lebenslang gesperrt.

Am 1. Februar 2007 zog der HSV nach nur 15 Punkten aus 19 Bundesliga-Partien die Konsequenzen und entließ den „Gute-Laune-Flumme" (Süddeutsche Zeitung) Thomas Doll vorzeitig. Der HSV-Trainer hatte im Oktober 2004 für den scheidenden Klaus Toppmüller die Profimannschaft übernommen.

Jetzt kam Huub Stevens als Profitrainer zum Verein und führte ihn nach neun Siegen, drei Unentschieden und zwei Niederlagen von Platz 18 auf Platz 7 in den UI-Cup.

2008 war das Jahr eines Rekordtransfers: Nigel de Jong, 1984 geborener Nationalspieler der Niederlande, verließ den HSV für eine Ablösesumme von 19 Millionen Euro und fand seine neue Verwendung bei Manchester City.

Am 9. September 2008 hat der HSV einen eigenen Friedhof, der aus einem Grabfeld des Hauptfriedhofs Altona besteht, der Presse vorgestellt. Das Grabfeld befindet sich in unmittelbarer Nähe zum Stadion.

Unter dem Niederländer Martin Jol erlebte der HSV 2008/2009 seine beste Saison nach 26 Jahren. Zur Saison 2009/2010 trat Bruno Labbadia dessen Nachfolge als Trainer beim HSV an. Es war wieder ein Beispiel für die zahlreichen Trainerwechsel beim HSV im 21. Jahrhundert und ein weiteres Beispiel für personelle Schwierigkeiten in dieser Zeit.

Beim HSV hing im Jahre 2009 der Haussegen schief. Damals entspann sich ein Machtkampf zwischen Sportchef Dietmar Beiersdorfer und Vorstandschef Bernd Hoffmann. Verlierer war am Ende Dietmar Beiersdorfer, was die Trennung vom Verein zur Folge hatte.

Das UEFA-Cup-Finale der Saison 2009/2010 wurde in Hamburg ausgetragen. Der HSV scheiterte am 22. April 2010 im Halbfinale der Europa League am FC Fulham.

Carl-Edgar Jarchow, der von 2001-04 dem Aufsichtsrat des Vereins angehört hatte, wurde am 16. März 2011 neuer Vorstandsvorsitzender.

Statistisches: Erfolge seit 1921

In seiner langen Geschichte wurde der HSV mehrmals Deutscher Meister im Fußball, DFB-Pokalsieger, Sieger im Europapokal der Pokalsieger und Sieger im Europapokal der Landesmeister. Der HSV hat zudem in Deutschland die höchste Zahl an Regionalmeistertiteln (25) und Endrundenteilnahmen um die Deutsche Meisterschaft (32, 31 HSV + 1 SC Germania von 1887) aufzuweisen.

Titelgewinne

Europapokalsieger der Landesmeister (1): 1983

Europapokalfinalist der Landesmeister (1): 1980

Europapokalsieger der Pokalsieger (1): 1977

Europapokalfinalist der Pokalsieger (1): 1968

UEFA-Pokalfinalist (1): 1982

UI-Cup-Sieger (2): 2005, 2007

Deutscher Meister (6): 1922 („verzichtet"), 1923, 1928, 1960, 1979, 1982, 1983

Deutscher Vizemeister (8): 1924, 1957, 1958, 1976, 1980, 1981, 1984, 1987

Deutscher Pokalsieger (3): DFB-Pokal 1963, DFB-Pokal 1976, DFB-Pokal 1987

Deutscher Pokalfinalist (3): DFB-Pokal 1956, DFB-Pokal 1967, DFB-Pokal 1974

Deutscher Ligapokalsieger (2): 1973, 2003

DFB-Hallen-Pokal (1): 1987 (inoffiziell)

DFB-Hallen-Pokal Finalist (1): 1996

Fußballmeisterschaft der britischen Besatzungszone (2): 1947, 1948

Norddeutscher Meister (25): 1921, 1922, 1923, 1924, 1925, 1928, 1929, 1931, 1932, 1933, 1948, 1949, 1950, 1951, 1952, 1953, 1955, 1956, 1957, 1958, 1959, 1960, 1961, 1962, 1963

Nordmark-Meister (4): 1937, 1938, 1939, 1941

Hamburg-Altonaer Meister (16): 1896+, 1897+, 1901+, 1902+, 1904+, 1905+, 1919++, 1924, 1926, 1927, 1928, 1930, 1931, 1932, 1945, 1946 (+ durch Vorläuferverein Germania 1887 Hamburg, ++ Meisterschaft durch eine Kriegsfußballvereinigung (KFVgg) aus Victoria Hamburg und dem Vorläuferverein Hamburger FC 1888)

Norddeutscher Pokalsieger (6): 1927, 1953, 1956, 1957, 1959, 1960

Norddeutscher Pokalfinalist (1): 1958

Ligazugehörigkeit seit der Gründung 1919

1919-20 Hamburg-Altonaer Liga (höchste Spielklasse)

1920-21 Norddeutsche Liga, Nordkreis (höchste Spielklasse)

1921-22 Norddeutsche Liga, Alsterkreis (höchste Spielklasse)

1922-28 Kreis/Bezirksliga Groß-Hamburg, Alsterstaffel (höchste Spielklasse)

1928-29 „Runde der Zehn" (privat, keine Teilnahme an Punktspielen des NFV)

1929-33 Oberliga Groß-Hamburg (höchste Spielklasse)

1933-42 Gauliga/Bereichsliga Nordmark (höchste Spielklasse)

1942-45 Gauklasse Hamburg (höchste Spielklasse)
1945-47 Hamburger Liga (höchste Spielklasse)
1947-63 Oberliga Nord (höchste Spielklasse)
1963-heute 1. Bundesliga (höchste Spielklasse)

Anmerkung: Die Norddeutsche Liga war eine zuerst zwei-, dann sechsgleisige regionale Spielklasse des Norddeutschen Fußball-Verbandes (NFV), die 1920 gebildet und 1922 wieder aufgelöst wurde.

Platzierungen in der Bundesliga seit 1963

Saison	Platz	Tore	Punkte	Zuschauer	Bester Torschütze
1963/64	6	69-60	32-28	34.396	30 Tore: Uwe Seeler
1964/65	11	46-56	27-33	35.446	14 Tore: Uwe Seeler
1965/66	9	64-52	34-34	23.099	18 Tore: Manfred Pohlschmidt
1966/67	14	37-53	30-38	25.564	10 Tore: Uwe Seeler
1967/68	13	51-54	33-35	18.560	12 Tore: Uwe Seeler
1968/69	6	55-55	36-32	20.596	23 Tore: Uwe Seeler
1969/70	6	57-54	35-33	17.219	17 Tore: Uwe Seeler
1970/71	5	54-63	37-31	16.608	13 Tore: Franz-Josef Hönig
1971/72	10	52-52	33-35	17.337	11 Tore: Uwe Seeler
1972/73	14	53-59	28-40	18.020	11 Tore: Franz-Josef Hönig
1973/74	12	53-62	31-37	24.087	8 Tore: Georg Volkert
1974/75	4	55-38	43-25	31.433	8 Tore: Horst Bertl / Willi Reimann
1975/76	2	59-32	41-27	30.534	9 Tore: Peter Nogly
1976/77	6	67-56	38-30	31.193	15 Tore: Willi Reimann
1977/78	10	61-67	34-34	30.046	14 Tore: Ferdinand Keller
1978/79	1	78-32	49-19	40.377	17 Tore: Kevin Keegan
1979/80	2	86-35	48-20	35.868	21 Tore: Horst Hrubesch
1980/81	2	73-43	49-19	31.739	17 Tore: Horst Hrubesch
1981/82	1	95-45	48-20	33.930	27 Tore: Horst Hrubesch
1982/83	1	79-33	52-16	28.345	18 Tore: Horst Hrubesch
1983/84	2	75-36	48-20	27.614	15 Tore: Dieter Schatzschneider
1984/85	5	58-49	37-31	22.048	15 Tore: Thomas von Hessen
1985/86	7	52-35	39-29	18.133	11 Tore: Heinz Gründel
1986/87	2	69-37	47-21	22.312	12 Tore: Thomas von Heesen
1987/88	6	63-68	37-31	15.115	11 Tore: Bruno Labbadia
1988/89	4	60-36	43-25	14.934	15 Tore: Uwe Bein
1989/90	11	39-46	31-37	18.381	10 Tore: Jan Furtok

Saison					
1990/91	5	60-38	40-28	24.164	20 Tore: Jan Furtok
1991/92	12	32-43	34-42	20.843	8 Tore: Jan Furtok / Armin Eck
1992/93	11	42-44	31-37	23.700	8 Tore: Karsten Bäron
1993/94	12	48-52	34-34	31.330	14 Tore: Thomas von Heesen
1994/95	13	43-50	29-39	30.523	9 Tore: Jörg Albertz
1995/96	5	52-47	50	28.568	14 Tore: Harald Spörl
1996/97	13	46-60	41	29.519	8 Tore: Harald Spörl
1997/98	9	38-46	44	32.272	10 Tore: Hasan Salihamidzic
1998/99	7	47-46	50	22.795	14 Tore: Anthony Yeboah
1999/00	3	63-39	59	40.080	9 Tore: Hans-Jörg Butt/ Roy Präger / Anthony Yeboah
2000/01	13	58-58	41	41.466	22 Tore: Sergej Barbarez
2001/02	11	51-57	40	42.827	8 Tore: Bernardo Daniel Romeo
2002/03	4	46-36	56	44.680	14 Tore: Bernardo Daniel Romeo
2003/04	8	47-60	49	46.495	11 Tore: Bernardo Daniel Romeo
2004/05	8	55-50	51	47.060	11 Tore: Sergej Barbarez
2005/06	3	53-30	68	52.630	9 Tore: Rafael van der Vaart / Sergej Barbarez
2006/07	7	43-37	45	55.262	8 Tore: Rafael van der Vaart
2007/08	4	47-26	54	56.035	14 Tore: Ivica Olić
2008/09	5	49-47	61	54.774	12 Tore: Mladen Petrić
2009/10	7	56-41	52	n. a.	8 Tore: Mladen Petrić
2010/11	8	46-52	45	n. a.	11 Tore: Mladen Petrić
2011/12	15	35-57	36	n. a.	7 Tore: Mladen Petrić

Weitere Statistik

* Ewiger Rekord in der 1. Bundesliga: 36 Spiele ungeschlagen (1982-1983)
* 108-mal Spitzenreiter der 1. Bundesliga (Stand: 23. Januar 2007)
* Platz 3 der ewigen Bundesligatabelle, Stand 05/2008: 2319 Punkte
* Rekord: 11 Auswärtssiege in einer Saison (2005/06) – Aber: Der 3:1-Sieg von Borussia Dortmund über FC Bayern München am 26. Februar 2011 war der elfte Auswärtssieg für den Verein in der Saison. Er stellte damit den Rekord von Werder Bremen und vom Hamburger SV ein.
* In der Saison 2007/08 besuchten durchschnittlich 55.368 Zuschauer den Volkspark.
* Der HSV ist das einzige Gründungsmitglied der Bundesliga, das noch nie abgestiegen ist, und somit der einzige Verein, der seit Bestehen der Bundesliga alle Bundesliga-Spielzeiten miterlebt hat.

Literatur:

Matthias Blazek, Wathlingen – Geschichte eines niedersächsischen Dorfes, Bd. 3: Die Geschichte des VfL Wathlingen 1910-2010, Wathlingen 2010, insb. S. 125 ff.

Walter A. Cordua: 50 Jahre Norddeutscher Fußball-Verband e.V. 1905-1955, Hamburg o. J. (1955)

Christiane Eisenberg: Fußball in Deutschland 1890-1914 – Ein Gesellschaftsspiel für bürgerliche Mittelschichten, Göttingen 1994

Axel Formeseyn: Unser HSV – Das ultimative HSV-Buch, Edition Temmen, Bremen 2009

Hans-Günter Klemm, Michael Richter: Das HSV-Lexikon, Die Werkstatt, Göttingen 2000

Carl Koppehel: Geschichte des deutschen Fußballsports, Bd. 3 der Schriftenreihe des DFB, 4. Aufl., Frankfurt am Main 1954

Matthias Kropp: Deutschlands große Fußballmannschaften – Hamburger SV, Agon, Kassel 1996

Peter Meis (Bearb.): Festschrift 25 Jahre Norddeutscher Sportverband e.V. 1905-1930, Hamburg 1930

Manfred Mitrowan: „Hamburger SV", in: 50 Jahre Hamburger Tisch-Tennis-Verband – Chronik 1948-1998, Hamburg 1998

Jens R. Prüß, Hartmut Irle: Tore, Punkte, Spieler – Die komplette HSV-Statistik, Die Werkstatt, Göttingen 2008

Jens R. Prüß (Hrsg.), Spundflasche mit Flachpasskorken, Die Geschichte der Oberliga Nord 1947-63, Klartext-Verlag, 1991

Jürgen Schiffer: Fußball als Kulturgut, Bd. 1, hrsg. vom Bundesinstitut für Sportwissenschaft BISp, Sportverlag Strauß, Köln 2004, insb. S. 103.

Werner Skrentny: Orte der Leidenschaft – Der HSV und seine Stadien, Die Werkstatt, Göttingen 2006

Werner Skrentny, Jens R. Prüß: Immer erste Klasse – Die Geschichte des Hamburger SV, Die Werkstatt, Göttingen 2005

Werner Skrentny; Jens R. Prüß: Mit der Raute im Herzen – Die große Geschichte des Hamburger SV, Die Werkstatt, Göttingen 2008

Otto Tötter: Hundert Jahre deutscher Fußball – HSV, Rasch und Röhring, Hamburg 1985

Klemens Karl Wildt, Daten zur Sportgeschichte, Teil II: Europa von 1750 bis 1894, insb. S. 115

Deutscher Sportclub für Fußballstatistiken e.V. (Hrsg.): Fußball in Hamburg 1945 bis 1963

Diverse: Sport in Hannover von der Stadtgründung bis heute, hrsg. von Niedersächsisches Institut für Sportgeschichte, Hoya e.V., Wissenschaftlicher Beirat, Die Werkstatt, Göttingen 2001

50 Jahre Freier Turn- und Sportverein von 1881 Wandsbek, Nr. 1-4, Hamburg 1930/31

75 Jahre im Zeichen des Sports: Jubiläums-Festschrift Turn- und Sportverein von 1881 Wandsbek e.V., 1881-1956, 1956, 32 Seiten

Die Aufstellung in der Bundesliga-Saison 2011/2012:

Torwart

Jaroslav Drobný
Tom Mickel
Sven Neuhaus

Trainer

Thorsten Fink

Abwehr

Michael Mancienne
Heiko Westermann
Jeffrey Bruma
Slobodan Rajković
Miroslav Štěpánek
Muhamed Bešić
Janek Sternberg
Dennis Aogo
Dennis Diekmeier

Mittelfeld

Tomás Rincón
Robert Tesche
David Jarolim
Mikaël Tavares
Gojko Kacar
Per Ciljan Skjelbred
Jacopo Sala
Marcell Jansen
Ivo Iličević
Sören Bertram
Tolgay Arslan
Dániel Nagy
Gökhan Töre
Romeo Castelen
Zhi Gin Lam

Sturm

Marcus Berg
Mladen Petric
Heung-Min Son
Paolo Guerrero

Die Bundesliga-Abschlusstabellen seit 1963

1963/64

Platz	Verein	Punkte	Tore
1	1. FC Köln	45:15	78:40
2	Meidericher SV	39:21	60:36
3	Eintracht Frankfurt	39:21	65:41
4	Borussia Dortmund	33:27	73:57
5	VfB Stuttgart	33:27	48:40
6	Hamburger SV	32:28	69:60
7	1860 München	31:29	66:50
8	FC Schalke 04	29:31	51:53
9	1. FC Nürnberg	29:31	45:56
10	Werder Bremen	28:32	53:62
11	Eintracht Braunschweig	28:32	36:49
12	1. FC Kaiserslautern	26:34	48:69
13	Karlsruher SC	24:36	42:55
14	Hertha BSC	24:36	45:65
15	SC Preußen 06 Münster	23:37	34:52
16	1. FC Saarbrücken	17:43	44:72

1964/65

Platz	Verein	Punkte	Tore
1	Werder Bremen	41:19	54:29
2	1. FC Köln	38:22	66:45
3	Borussia Dortmund	36:24	67:48
4	1860 München	35:25	70:50
5	Hannover 96	33:27	48:42
6	1. FC Nürnberg	32:28	44:38
7	Meidericher SV	32:28	46:48
8	Eintracht Frankfurt	29:31	50:58
9	Eintracht Braunschweig	28:32	42:47
10	Borussia Neunkirchen	27:33	44:48
11	Hamburger SV	27:33	46:56
12	VfB Stuttgart	26:34	46:50
13	1. FC Kaiserslautern	25:35	41:53
14	Hertha BSC	25:35	40:62
15	Karlsruher SC	24:36	47:62

| 16 | FC Schalke 04 | 22:38 | 45:60 |

1965/66

Platz	Verein	Punkte	Tore
1	1860 München	50:18	80:40
2	Borussia Dortmund	47:21	70:36
3	Bayern München	47:21	71:38
4	Werder Bremen	45:23	76:40
5	1. FC Köln	44:24	74:41
6	1. FC Nürnberg	39:29	54:43
7	Eintracht Frankfurt	38:30	64:46
8	Meidericher SV	36:32	70:48
9	Hamburger SV	34:34	64:52
10	Eintracht Braunschweig	34:34	49:49
11	VfB Stuttgart	32:36	42:48
12	Hannover 96	30:38	59:57
13	Borussia Mönchengladbach	29:39	57:68
14	FC Schalke 04	27:41	33:55
15	1. FC Kaiserslautern	26:42	42:65
16	Karlsruher SC	24:44	35:71
17	Borussia VfB Neunkirchen	22:46	32:82
18	Tasmania Berlin	8:60	15:108

1966/67

Platz	Verein	Punkte	Tore
1	Eintracht Braunschweig	43:25	49:27
2	1860 München	41:27	60:47
3	Borussia Dortmund	39:29	70:41
4	Eintracht Frankfurt	39:29	66:49
5	1. FC Kaiserslautern	38:30	43:42
6	Bayern München	37:31	62:47
7	1. FC Köln	37:31	48:48
8	Borussia Mönchengladbach	34:34	70:49
9	Hannover 96	34:34	40:46
10	1. FC Nürnberg	34:34	43:50
11	MSV Duisburg	33:35	40:42
12	VfB Stuttgart	33:35	48:54
13	Karlsruher SC	31:37	54:62

14	Hamburger SV	30:38	37:53
15	FC Schalke 04	30:38	37:63
16	Werder Bremen	29:39	49:56
17	Fortuna Düsseldorf	25:43	44:66
18	RW Essen	25:43	35:53

1967/68

Platz	Verein	Punkte	Tore
1	1. FC Nürnberg	47:21	71:37
2	Werder Bremen	44:24	68:51
3	Borussia Mönchengladbach	42:26	77:45
4	1. FC Köln	38:30	68:52
5	Bayern München	38:30	68:58
6	Eintracht Frankfurt	38:30	58:51
7	MSV Duisburg	36:32	69:58
8	VfB Stuttgart	35:33	65:54
9	Eintracht Braunschweig	35:33	65:54
10	Hannover 96	34:34	48:52
11	Alemannia Aachen	34:34	52:66
12	1860 München	33:35	55:39
13	Hamburger SV	33:35	51:54
14	Borussia Dortmund	31:37	60:59
15	FC Schalke 04	30:38	42:48
16	1. FC Kaiserslautern	28:40	39:67
17	Borussia Neunkirchen	19:49	33:93
18	Karlsruher SC	17:51	32:70

1968/69

Platz	Verein	Punkte	Tore
1	Bayern München	46:22	61:31
2	Alemannia Aachen	38:30	57:51
3	Borussia Mönchengladbach	37:31	61:46
4	Eintracht Braunschweig	37:31	46:43
5	VfB Stuttgart	36:32	60:54
6	Hamburger SV	36:32	55:55
7	FC Schalke 04	35:33	45:40
8	Eintracht Frankfurt	34:34	46:43
9	Werder Bremen	34:34	59:59

10	1860 München	34:34	44:59
11	Hannover 96	32:36	47:45
12	MSV Duisburg	32:36	33:37
13	1. FC Köln	32:36	47:56
14	Hertha BSC	32:36	31:39
15	1. FC Kaiserslautern	30:38	45:47
16	Borussia Dortmund	30:38	49:54
17	1. FC Nürnberg	29:39	45:55
18	Kickers Offenbach	28:40	42:59

1969/70

Platz	Verein	Punkte	Tore
1	Borussia Mönchengladbach	51:17	71:29
2	Bayern München	47:21	88:37
3	Hertha BSC	45:23	67:41
4	1. FC Köln	43:25	83:38
5	Borussia Dortmund	36:32	60:67
6	Hamburger SV	35:33	57:54
7	VfB Stuttgart	35:33	59:62
8	Eintracht Frankfurt	34:34	54:54
9	FC Schalke 04	34:34	43:54
10	1. FC Kaiserslautern	32:36	44:55
11	Werder Bremen	31:37	38:47
12	RW Essen	31:37	41:54
13	Hannover 96	30:38	49:61
14	RW Oberhausen	29:39	50:62
15	MSV Duisburg	29:39	35:48
16	Eintracht Braunschweig	28:40	40:49
17	1860 München	25:43	41:56
18	Alemannia Aachen	17:51	31:83

1970/71

Platz	Verein	Punkte	Tore
1	Borussia Mönchengladbach	50:18	77:35
2	Bayern München	48:20	74:36
3	Hertha BSC	41:27	61:43
4	Eintracht Braunschweig	39:29	52:40
5	Hamburger SV	37:31	54:63

6	FC Schalke 04	36:32	44:40
7	MSV Duisburg	35:33	43:47
8	1. FC Kaiserslautern	34:34	54:57
9	Hannover 96	33:35	53:49
10	Werder Bremen	33:35	41:40
11	1. FC Köln	33:35	46:56
12	VfB Stuttgart	30:38	49:49
13	Borussia Dortmund	29:39	54:60
14	Arminia Bielefeld	29:39	34:53
15	Eintracht Frankfurt	28:40	39:56
16	RW Oberhausen	27:41	54:69
17	Kickers Offenbach	27:41	49:65
18	Rot-Weiß Essen	23:45	48:68

1971/72

Platz	Verein	Punkte	Tore
1	Bayern München	55:13	101:38
2	FC Schalke 04	52:16	76:35
3	Borussia Mönchengladbach	43:25	82:40
4	1. FC Köln	43:25	64:44
5	Eintracht Frankfurt	39:29	71:61
6	Hertha BSC	37:31	46:55
7	1. FC Kaiserslautern	35:33	59:53
8	VfB Stuttgart	35:33	52:56
9	VfL Bochum	34:34	59:69
10	Hamburger SV	33:35	52:52
11	Werder Bremen	31:37	63:58
12	Eintracht Braunschweig	31:37	43:48
13	Fortuna Düsseldorf	30:38	40:53
14	MSV Duisburg	27:41	36:51
15	RW Oberhausen	25:43	33:66
16	Hannover 96	23:45	54:69
17	Borussia Dortmund	20:48	34:83
18	Arminia Bielefeld	0:0	0:0

1972/73

Platz	Verein	Punkte	Tore
1	Bayern München	54:14	93:29

2	1. FC Köln	43:25	66:51
3	Fortuna Düsseldorf	42:26	62:45
4	Wuppertaler SV	40:28	62:49
5	Borussia Mönchengladbach	39:29	82:61
6	VfB Stuttgart	37:31	71:65
7	Kickers Offenbach	35:33	61:60
8	Eintracht Frankfurt	34:34	58:54
9	1. FC Kaiserslautern	34:34	58:68
10	MSV Duisburg	33:35	53:54
11	Werder Bremen	31:37	50:52
12	VfL Bochum	31:37	50:68
13	Hertha BSC	30:38	53:64
14	Hamburger SV	28:40	53:59
15	FC Schalke 04	28:40	46:61
16	Hannover 96	26:42	49:65
17	Eintracht Braunschweig	25:43	33:56
18	RW Oberhausen	22:46	45:84

1973/74

Platz	Verein	Punkte	Tore
1	Bayern München	49:19	95:53
2	Borussia Mönchengladbach	48:20	93:52
3	Fortuna Düsseldorf	41:27	61:47
4	Eintracht Frankfurt	41:27	63:50
5	1. FC Köln	39:29	69:56
6	1. FC Kaiserslautern	38:30	80:69
7	FC Schalke 04	37:31	72:68
8	Hertha BSC	33:35	56:60
9	VfB Stuttgart	31:37	58:57
10	Kickers Offenbach	31:37	56:62
11	Werder Bremen	31:37	48:56
12	Hamburger SV	31:37	53:62
13	RW Essen	31:37	56:70
14	VfL Bochum	30:38	45:57
15	MSV Duisburg	29:39	42:56
16	Wuppertaler SV	25:43	42:65
17	Fortuna Köln	25:43	46:79
18	Hannover 96	22:46	50:66

1974/75

Platz	Verein	Punkte	Tore
1	Borussia Mönchengladbach	50:18	86:40
2	Hertha BSC	44:24	61:43
3	Eintracht Frankfurt	43:25	89:49
4	Hamburger SV	43:25	55:38
5	1. FC Köln	41:27	77:51
6	Fortuna Düsseldorf	41:27	66:55
7	FC Schalke 04	39:29	52:37
8	Kickers Offenbach	38:30	72:62
9	Eintracht Braunschweig	36:32	52:42
10	Bayern München	34:34	57:63
11	VfL Bochum	33:35	53:53
12	RW Essen	32:36	56:68
13	1. FC Kaiserslautern	31:37	56:55
14	MSV Duisburg	30:38	59:77
15	Werder Bremen	25:43	45:69
16	VfB Stuttgart	24:44	50:79
17	TeBe Berlin	16:52	38:89
18	Wuppertaler SV	12:56	32:86

1975/76

Platz	Verein	Punkte	Tore
1	Borussia Mönchengladbach	45:23	66:37
2	Hamburger SV	41:27	59:32
3	Bayern München	40:28	72:50
4	1. FC Köln	39:29	62:45
5	Eintracht Braunschweig	39:29	52:48
6	FC Schalke 04	37:31	76:55
7	1. FC Kaiserslautern	37:31	66:60
8	RW Essen	37:31	61:67
9	Eintracht Frankfurt	36:32	79:58
10	MSV Duisburg	33:35	55:62
11	Hertha BSC	32:36	59:61
12	Fortuna Düsseldorf	30:38	47:57
13	Werder Bremen	30:38	44:55
14	VfL Bochum	30:38	49:62
15	Karlsruher SC	30:38	46:59

16	Hannover 96	27:41	48:60
17	Kickers Offenbach	27:41	40:72
18	Bayer Uerdingen	22:46	28:69

1976/77

Platz	Verein	Punkte	Tore
1	Borussia Mönchengladbach	44:24	58:34
2	FC Schalke 04	43:25	77:52
3	Eintracht Braunschweig	43:25	56:38
4	Eintracht Frankfurt	42:26	86:57
5	1. FC Köln	40:28	83:61
6	Hamburger SV	38:30	67:56
7	Bayern München	37:31	74:65
8	Borussia Dortmund	34:34	73:64
9	MSV Duisburg	34:34	60:51
10	Hertha BSC	34:34	55:54
11	Werder Bremen	33:35	51:59
12	Fortuna Düsseldorf	31:37	52:54
13	1. FC Kaiserslautern	29:39	53:59
14	1. FC Saarbrücken	29:39	43:55
15	VfL Bochum	29:39	47:62
16	Karlsruher SC	28:40	53:75
17	TeBe Berlin	22:46	47:85
18	RW Essen	22:46	49:103

1977/78

Platz	Verein	Punkte	Tore
1	1. FC Köln	48:20	86:41
2	Borussia Mönchengladbach	48:20	86:44
3	Hertha BSC	40:28	59:48
4	VfB Stuttgart	39:29	58:40
5	Fortuna Düsseldorf	39:29	49:36
6	MSV Duisburg	37:31	62:59
7	Eintracht Frankfurt	36:32	59:52
8	1. FC Kaiserslautern	36:32	64:63
9	FC Schalke 04	34:34	47:52
10	Hamburger SV	34:34	61:67
11	Borussia Dortmund	33:35	57:71

12	Bayern München	32:36	62:64
13	Eintracht Braunschweig	32:36	43:53
14	VfL Bochum	31:37	49:51
15	Werder Bremen	31:37	48:57
16	1860 München	22:46	41:60
17	1. FC Saarbrücken	22:46	39:70
18	FC St. Pauli	18:50	44:86

1978/79

Platz	Verein	Punkte	Tore
1	Hamburger SV	49:19	78:32
2	VfB Stuttgart	48:20	73:34
3	1. FC Kaiserslautern	43:25	62:47
4	Bayern München	40:28	69:46
5	Eintracht Frankfurt	39:29	50:49
6	1. FC Köln	38:30	55:47
7	Fortuna Düsseldorf	37:31	70:59
8	VfL Bochum	33:35	47:46
9	Eintracht Braunschweig	33:35	50:55
10	Borussia Mönchengladbach	32:36	50:53
11	Werder Bremen	31:37	48:60
12	Borussia Dortmund	31:37	54:70
13	MSV Duisburg	30:38	43:56
14	Hertha BSC	29:39	40:50
15	FC Schalke 04	28:40	55:61
16	Arminia Bielefeld	26:42	43:56
17	1. FC Nürnberg	24:44	36:67
18	Darmstadt 98	21:47	40:75

1979/80

Platz	Verein	Punkte	Tore
1	Bayern München	50:18	84:33
2	Hamburger SV	48:20	86:35
3	VfB Stuttgart	41:27	75:53
	1. FC Kaiserslautern	41:27	75:53
5	1. FC Köln	37:31	72:55
6	Borussia Dortmund	36:32	64:56
7	Borussia Mönchengladbach	36:32	61:60

8	FC Schalke 04	33:35	40:51
9	Eintracht Frankfurt	32:36	65:61
10	VfL Bochum	32:36	41:44
11	Fortuna Düsseldorf	32:36	62:72
12	Bayer Leverkusen	32:36	45:61
13	1860 München	30:38	42:53
14	MSV Duisburg	29:39	43:57
15	Bayer Uerdingen	29:39	43:61
16	Hertha BSC	29:39	41:61
17	Werder Bremen	25:43	52:93
18	Eintracht Braunschweig	20:48	32:64

1980/81

Platz	Verein	Punkte	Tore
1	Bayern München	53:15	89:41
2	Hamburger SV	49:19	73:43
3	VfB Stuttgart	46:22	70:44
4	1. FC Kaiserslautern	44:24	60:37
5	Eintracht Frankfurt	38:30	61:57
6	Borussia Mönchengladbach	37:31	68:64
7	Borussia Dortmund	35:33	69:59
8	1. FC Köln	34:34	54:55
9	VfL Bochum	33:35	53:45
10	Karlsruher SC	32:36	56:63
11	Bayer Leverkusen	30:38	52:53
12	MSV Duisburg	29:39	45:58
13	Fortuna Düsseldorf	28:40	57:64
14	1. FC Nürnberg	28:40	47:57
15	Arminia Bielefeld	26:42	46:65
16	1860 München	25:43	49:67
17	FC Schalke 04	23:45	43:88
18	Bayer Uerdingen	22:46	47:79

1981/82

Platz	Verein	Punkte	Tore
1	Hamburger SV	48:20	95:45
2	1. FC Köln	45:23	72:38
3	Bayern München	43:25	77:56
4	1. FC Kaiserslautern	42:26	70:61
5	Werder Bremen	42:26	61:52
6	Borussia Dortmund	41:27	59:40
7	Borussia Mönchengladbach	40:28	61:51
8	Eintracht Frankfurt	37:31	83:72
9	VfB Stuttgart	35:33	62:55
10	VfL Bochum	32:36	52:51
11	Eintracht Braunschweig	32:36	61:66
12	Arminia Bielefeld	30:38	46:50
13	1. FC Nürnberg	28:40	53:72
14	Karlsruher SC	27:41	50:68
15	Fortuna Düsseldorf	25:43	48:73
16	Bayer Leverkusen	25:43	45:72
17	Darmstadt 98	21:47	46:82
18	MSV Duisburg	19:49	40:77

1982/83

Platz	Verein	Punkte	Tore
1	Hamburger SV	52:16	79:33
2	Werder Bremen	52:16	76:38
3	VfB Stuttgart	48:20	80:47
4	Bayern München	44:24	74:33
5	1. FC Köln	43:25	69:42
6	1. FC Kaiserslautern	41:27	57:44
7	Borussia Dortmund	39:29	78:62
8	Arminia Bielefeld	31:37	46:71
9	Fortuna Düsseldorf	30:38	63:75
10	Eintracht Frankfurt	29:39	48:57
11	Bayer Leverkusen	29:39	43:66
12	Borussia Mönchengladbach	28:40	64:63
13	VfL Bochum	28:40	43:49
14	1. FC Nürnberg	28:40	44:70
15	Eintracht Braunschweig	27:41	42:65

16	FC Schalke 04	22:46	48:68
17	Karlsruher SC	21:47	39:86
18	Hertha BSC	20:48	43:67

1983/84

Platz	Verein	Punkte	Tore
1	VfB Stuttgart	48:20	79:33
2	Hamburger SV	48:20	75:36
3	Borussia Mönchengladbach	48:20	81:48
4	Bayern München	47:21	84:41
5	Werder Bremen	45:23	79:46
6	1. FC Köln	38:30	70:57
7	Bayer Leverkusen	34:34	50:50
8	Arminia Bielefeld	33:35	40:49
9	Eintracht Braunschweig	32:36	54:69
10	Bayer Uerdingen	31:37	66:79
11	Waldhof Mannheim	31:37	45:58
12	1. FC Kaiserslautern	30:38	68:69
13	Borussia Dortmund	30:38	54:65
14	Fortuna Düsseldorf	29:39	63:75
15	VfL Bochum	28:40	58:70
16	Eintracht Frankfurt	27:41	45:61
17	Kickers Offenbach	19:49	48:106
18	1. FC Nürnberg	14:54	38:85

1984/85

Platz	Verein	Punkte	Tore
1	Bayern München	50:18	79:38
2	Werder Bremen	46:22	87:51
3	1. FC Köln	40:28	69:66
4	Borussia Mönchengladbach	39:29	77:53
5	Hamburger SV	37:31	58:49
6	Waldhof Mannheim	37:31	47:50
7	Bayer Uerdingen	36:32	57:52
8	FC Schalke 04	34:34	63:62
9	VfL Bochum	34:34	52:54
10	VfB Stuttgart	33:35	79:59
11	1. FC Kaiserslautern	33:35	56:60

12	Eintracht Frankfurt	32:36	62:67
13	Bayer Leverkusen	31:37	52:54
14	Borussia Dortmund	30:38	51:65
15	Fortuna Düsseldorf	29:39	53:66
16	Arminia Bielefeld	29:39	46:61
17	Karlsruher SC	22:46	47:88
18	Eintracht Braunschweig	20:48	39:79

1985/86

Platz	Verein	Punkte	Tore
1	Bayern München	49:19	72:31
2	Werder Bremen	49:19	83:41
3	Bayer Uerdingen	45:23	63:60
4	Borussia Mönchengladbach	42:26	65:51
5	VfB Stuttgart	41:27	69:45
6	Bayer Leverkusen	40:28	63:51
7	Hamburger SV	39:29	52:35
8	Waldhof Mannheim	33:35	41:44
9	VfL Bochum	32:36	55:57
10	FC Schalke 04	30:38	53:58
11	1. FC Kaiserslautern	30:38	49:54
12	1. FC Nürnberg	29:39	51:54
13	1. FC Köln	29:39	46:59
14	Fortuna Düsseldorf	29:39	54:78
15	Eintracht Frankfurt	28:40	35:49
16	Borussia Dortmund	28:40	49:65
17	1. FC Saarbrücken	21:47	39:68
18	Hannover 96	18:50	43:92

1986/87

Platz	Verein	Punkte	Tore
1	Bayern München	53:15	67:31
2	Hamburger SV	47:21	69:37
3	Borussia Mönchengladbach	43:25	74:44
4	Borussia Dortmund	40:28	70:50
5	Werder Bremen	40:28	65:54
6	Bayer Leverkusen	39:29	56:38
7	1. FC Kaiserslautern	37:31	64:51

8	Bayer Uerdingen	35:33	51:49
9	1. FC Nürnberg	35:33	62:62
10	1. FC Köln	35:33	50:53
11	VfL Bochum	32:36	52:44
12	VfB Stuttgart	32:36	55:49
13	FC Schalke 04	32:36	50:58
14	Waldhof Mannheim	28:40	52:71
15	Eintracht Frankfurt	25:43	42:53
16	FC Homburg	21:47	33:79
17	Fortuna Düsseldorf	20:48	42:91
18	BW 90 Berlin	18:50	36:76

1987/88

Platz	Verein	Punkte	Tore
1	Werder Bremen	52:16	61:22
2	Bayern München	48:20	83:45
3	1. FC Köln	48:20	57:28
4	VfB Stuttgart	40:28	69:49
5	1. FC Nürnberg	37:31	44:40
6	Hamburger SV	37:31	63:68
7	Borussia Mönchengladbach	33:35	55:53
8	Bayer Leverkusen	32:36	53:60
9	Eintracht Frankfurt	31:37	51:50
10	Hannover 96	31:37	59:60
11	Bayer Uerdingen	31:37	59:61
12	VfL Bochum	30:38	47:51
13	Borussia Dortmund	29:39	51:54
14	1. FC Kaiserslautern	29:39	53:62
15	Karlsruher SC	29:39	37:55
16	Waldhof Mannheim	28:40	35:50
17	FC Homburg	24:44	37:70
18	FC Schalke 04	23:45	48:84

1988/89

Platz	Verein	Punkte	Tore
1	Bayern München	50:18	67:26
2	1. FC Köln	45:23	58:30
3	Werder Bremen	44:24	55:32

4	Hamburger SV	43:25	60:36
5	VfB Stuttgart	39:29	58:49
6	Borussia Mönchengladbach	38:30	44:43
7	Borussia Dortmund	37:31	56:40
8	Bayer Leverkusen	34:34	45:44
9	1. FC Kaiserslautern	33:35	47:44
10	FC St. Pauli	32:36	41:42
11	Karlsruher SC	32:36	48:51
12	Waldhof Mannheim	31:37	43:52
13	Bayer Uerdingen	31:37	50:60
14	1. FC Nürnberg	26:42	36:54
15	VfL Bochum	26:42	37:57
16	Eintracht Frankfurt	26:42	30:53
17	Stuttgarter Kickers	26:42	41:68
18	Hannover 96	19:49	36:71

1989/90

Platz	Verein	Punkte	Tore
1	Bayern München	49:19	64:28
2	1. FC Köln	43:25	54:44
3	Eintracht Frankfurt	41:27	61:40
4	Borussia Dortmund	41:27	51:35
5	Bayer Leverkusen	39:29	40:32
6	VfB Stuttgart	36:32	53:47
7	Werder Bremen	34:34	49:41
8	1. FC Nürnberg	33:35	42:46
9	Fortuna Düsseldorf	32:36	41:41
10	Karlsruher SC	32:36	32:39
11	Hamburger SV	31:37	39:46
12	1. FC Kaiserslautern	31:37	42:55
13	FC St. Pauli	31:37	31:46
14	Bayer Uerdingen	30:38	41:48
15	Borussia Mönchengladbach	30:38	37:45
16	VfL Bochum	29:39	44:53
17	Waldhof Mannheim	26:42	36:53
18	FC Homburg	24:44	33:51

1990/91

Platz	Verein	Punkte	Tore
1	1. FC Kaiserslautern	48:20	72:45
2	Bayern München	45:23	74:41
3	Werder Bremen	42:26	46:29
4	Eintracht Frankfurt	40:28	63:40
5	Hamburger SV	40:28	60:38
6	VfB Stuttgart	38:30	57:44
7	1. FC Köln	37:31	50:43
8	Bayer Leverkusen	35:33	47:46
9	Borussia Mönchengladbach	35:33	49:54
10	Borussia Dortmund	34:34	46:57
11	Wattenscheid 09	33:35	42:51
12	Fortuna Düsseldorf	32:36	40:49
13	Karlsruher SC	31:37	46:52
14	VfL Bochum	29:39	50:52
15	1. FC Nürnberg	29:39	40:54
16	FC St. Pauli	27:41	33:53
17	Bayer Uerdingen	23:45	34:54
18	Hertha BSC	14:54	37:84

1991/92

Platz	Verein	Punkte	Tore
1	VfB Stuttgart	52:24	62:32
2	Borussia Dortmund	52:24	66:47
3	Eintracht Frankfurt	50:26	76:41
4	1. FC Köln	44:32	58:41
5	1. FC Kaiserslautern	44:32	58:42
6	Bayer Leverkusen	43:33	53:39
7	1. FC Nürnberg	43:33	54:51
8	Karlsruher SC	41:35	48:50
9	Werder Bremen	38:38	44:45
10	Bayern München	36:40	59:61
11	FC Schalke 04	34:42	45:45
12	Hamburger SV	34:42	32:43
13	Borussia Mönchengladbach	34:42	37:49
14	Dynamo Dresden	34:42	34:50
15	VfL Bochum	33:43	38:55

16	Wattenscheid 09	32:44	50:60
17	Stuttgarter Kickers	31:45	53:64
18	Hansa Rostock	31:45	43:55
19	MSV Duisburg	30:46	43:55
20	Fortuna Düsseldorf	24:52	41:69

1992/93

Platz	Verein	Punkte	Tore
1	Werder Bremen	48:20	63:30
2	Bayern München	47:21	74:45
3	Eintracht Frankfurt	42:26	56:39
4	Borussia Dortmund	41:27	61:43
5	Bayer Leverkusen	40:28	64:45
6	Karlsruher SC	39:29	60:54
7	VfB Stuttgart	36:32	56:50
8	1. FC Kaiserslautern	35:33	50:40
9	Borussia Mönchengladbach	35:33	59:59
10	FC Schalke 04	34:34	42:43
11	Hamburger SV	31:37	42:44
12	1. FC Köln	28:40	41:51
13	1. FC Nürnberg	28:40	30:47
14	Wattenscheid 09	28:40	46:67
15	Dynamo Dresden	27:41	32:49
16	VfL Bochum	26:42	45:52
17	Bayer Uerdingen	24:44	35:64
18	1. FC Saarbrücken	23:45	37:71

1993/94

Platz	Verein	Punkte	Tore
1	Bayern München	44:24	68:37
2	1. FC Kaiserslautern	43:25	64:36
3	Bayer Leverkusen	39:29	60:47
4	Borussia Dortmund	39:29	49:45
5	Eintracht Frankfurt	38:30	57:41
6	Karlsruher SC	38:30	46:43
7	VfB Stuttgart	37:31	51:43
8	Werder Bremen	36:32	51:44
9	MSV Duisburg	36:32	41:52

10	Borussia Mönchengladbach	35:33	65:59
11	1. FC Köln	34:34	49:51
12	Hamburger SV	34:34	48:52
13	Dynamo Dresden	30:34	33:44
14	FC Schalke 04	29:39	38:50
15	SC Freiburg	28:40	54:57
16	1. FC Nürnberg	28:40	41:55
17	Wattenscheid 09	23:45	48:70
18	VfB Leipzig	17:51	32:69

1994/95

Platz	Verein	Punkte	Tore
1	Borussia Dortmund	49:19	67:33
2	Werder Bremen`	48:20	70:39
3	SC Freiburg	46:22	66:44
4	1. FC Kaiserslautern	46:22	58:41
5	Borussia Mönchengladbach	43:25	66:41
6	Bayern München	43:25	55:41
7	Bayer Leverkusen	36:32	62:51
8	Karlsruher SC	36:32	51:47
9	Eintracht Frankfurt	33:35	41:49
10	1. FC Köln	32:36	54:54
11	FC Schalke 04	31:37	48:54
12	VfB Stuttgart	30:38	52:66
13	Hamburger SV	29:39	43:50
14	München 1860	27:41	41:57
15	Bayer Uerdingen	25:43	37:52
16	VfL Bochum	22:46	43:67
17	MSV Duisburg	20:48	31:64
18	Dynamo Dresden	16:52	33:68

1995/96

Platz	Verein	Punkte	Tore
1	Borussia Dortmund	68	76:38
2	Bayern München	62	66:46
3	FC Schalke 04	56	45:36
4	Borussia Mönchengladbach	53	52:51
5	Hamburger SV	50	52:47

114

6	Hansa Rostock	49	47:43
7	Karlsruher SC	48	53:47
8	München 1860	45	52:46
9	Werder Bremen	44	39:42
10	VfB Stuttgart	43	59:62
11	SC Freiburg	42	30:41
12	1. FC Köln	40	33:35
13	Fortuna Düsseldorf	40	40:47
14	Bayer Leverkusen	38	37:38
15	FC St. Pauli	38	43:51
16	1. FC Kaiserslautern	36	31:37
17	Eintracht Frankfurt	32	43:68
18	KFC Uerdingen 05	26	33:56

1996/97

Platz	Verein	Punkte	Tore
1	Bayern München	71	68:34
2	Bayer Leverkusen	69	69:41
3	Borussia Dortmund	63	63:41
4	VfB Stuttgart	61	78:40
5	VfL Bochum	53	54:51
6	Karlsruher SC	49	55:44
7	München 1860	49	56:56
8	Werder Bremen	48	53:52
9	MSV Duisburg	45	44:49
10	1. FC Köln	44	62:62
11	Borussia Mönchengladbach	43	46:48
12	FC Schalke 04	43	35:40
13	Hamburger SV	41	46:60
14	Arminia Bielefeld	40	46:54
15	Hansa Rostock	40	35:46
16	Fortuna Düsseldorf	33	26:57
17	SC Freiburg	29	43:67
18	FC St. Pauli	27	32:69

1997/98

Platz	Verein	Punkte	Tore
1	1. FC Kaiserslautern	68	76:38

2	Bayern München	62	66:46
3	Bayer Leverkusen	56	45:36
4	VfB Stuttgart	53	52:51
5	FC Schalke 04	50	52:47
6	Hansa Rostock	49	47:43
7	Werder Bremen	48	53:47
8	MSV Duisburg	45	52:46
9	Hamburger SV	44	39:42
10	Borussia Dortmund	43	59:62
11	Hertha BSC	42	30:41
12	VfL Bochum	40	33:35
13	München 1860	40	40:47
14	VfL Wolfsburg	38	37:38
15	Borussia Mönchengladbach	38	43:51
16	Karlsruher SC	36	31:37
17	1. FC Köln	32	43:68
18	Arminia Bielefeld	26	33:56

1998/99

Platz	Verein	Punkte	Tore
1	Bayern München	78	76:28
2	Bayer Leverkusen	63	61:30
3	Hertha BSC	62	59:32
4	Borussia Dortmund	57	48:34
5	1. FC Kaiserslautern	57	51:47
6	VfL Wolfsburg	55	54:49
7	Hamburger SV	50	47:46
8	MSV Duisburg	49	4845
9	München 1860	41	49:56
10	FC Schalke 04	41	41:54
11	VfB Stuttgart	39	41:48
12	SC Freiburg	39	36:44
13	Werder Bremen	38	41:47
14	Hansa Rostock	38	49:58
15	Eintracht Frankfurt	37	44:54
16	1. FC Nürnberg	37	40:50
17	VfL Bochum	29	40:65
18	Borussia Mönchengladbach	21	41:79

1999/2000

Platz	Verein	Punkte	Tore
1	Bayern München	73	73:28
2	Bayer Leverkusen	73	74:36
3	Hamburger SV	59	63:39
4	München 1860	53	55:48
5	1. FC Kaiserslautern	50	54:59
6	Hertha BSC	50	39:46
7	VfL Wolfsburg	49	51:58
8	VfB Stuttgart	48	49:47
9	Werder Bremen	47	65:52
10	SpVgg Unterhaching	44	40:42
11	Borussia Dortmund	40	41:38
12	SC Freiburg	40	45:56
13	FC Schalke 04	39	42:44
14	Eintracht Frankfurt	39	42:44
15	Hansa Rostock	38	44:60
16	SSV Ulm 1860	35	36:62
17	Arminia Bielefeld	30	40:61
18	MSV Duisburg	22	37:71

2000/2001

Platz	Verein	Punkte	Tore
1	Bayern München	63	62:37
2	FC Schalke 04	62	65:35
3	Borussia Dortmund	58	62:42
4	Bayer Leverkusen	57	54:40
5	Hertha BSC	56	58:52
6	SC Freiburg	55	54:37
7	Werder Bremen	53	53:48
8	1. FC Kaiserslautern	50	49:54
9	VfL Wolfsburg	47	60:45
10	1. FC Köln	46	59:52
11	München 1860	44	43:55
12	Hansa Rostock	43	34:47
13	Hamburger SV	41	58:58
14	Energie Cottbus	39	38:52
15	VfB Stuttgart	38	42:49

16	SpVgg Unterhaching	35	35:59
17	Eintracht Frankfurt	35	41:68
18	VfL Bochum	27	30:67

2001/2002

Platz	Verein	Punkte	Tore
1	Borussia Dortmund	70	62:33
2	Bayer Leverkusen	69	77:38
3	Bayern München	68	65:25
4	Hertha BSC	61	61:38
5	FC Schalke 04	61	52:36
6	Werder Bremen	56	54:43
7	1. FC Kaiserslautern	56	62:53
8	VfB Stuttgart	50	47:43
9	München 1860	50	59:59
10	VfL Wolfsburg	46	57:49
11	Hamburger SV	40	51:57
12	Borussia Mönchengladbach	39	41:53
13	Energie Cottbus	35	36:60
14	Hansa Rostock	34	35:54
15	1. FC Nürnberg	34	34:57
16	SC Freiburg	30	37:64
17	1. FC Köln	29	26:61
18	FC St. Pauli	22	37:70

2002/2003

Platz	Verein	Punkte	Tore
1	Bayern München	75	70:25
2	VfB Stuttgart	59	53:39
3	Borussia Dortmund	58	51:27
4	Hamburger SV	56	46:36
5	Hertha BSC	54	52:43
6	Werder Bremen	52	51:50
7	FC Schalke 04	49	46:40
8	VfL Wolfsburg	46	39:42
9	VfL Bochum	45	55:56
10	München 1860	45	44:52
11	Hannover 96	43	47:57

12	Borussia Mönchengladbach	42	43:45
13	Hansa Rostock	41	35:41
14	1. FC Kaiserslautern	40	40:42
15	Bayer Leverkusen	40	47:56
16	Arminia Bielefeld	36	35:46
17	1. FC Nürnberg	30	33:60
18	Energie Cottbus	20	34:64

2003/2004

Platz	Verein	Punkte	Tore
1	Werder Bremen	74	79:38
2	Bayern München	68	70:39
3	Bayer Leverkusen	65	73:39
4	VfB Stuttgart	64	52:24
5	VfL Bochum	56	57:39
6	Borussia Dortmund	55	59:48
7	FC Schalke 04	50	49:42
8	Hamburger SV	49	47:60
9	Hansa Rostock	44	55:54
10	VfL Wolfsburg	42	56:61
11	Borussia Mönchengladbach	39	40:49
12	Hertha BSC	39	42:59
13	SC Freiburg	38	42:67
14	Hannover 96	37	49:63
15	1. FC Kaiserslautern	36	39:62
16	Eintracht Frankfurt	32	36:53
17	München 1860	32	32:55
18	1. FC Köln	23	32:57

2004/2005

Platz	Verein	Punkte	Tore
01	Bayern München	77	75:33
02	FC Schalke 04	63	56:46
03	Werder Bremen	59	68:37
04	Hertha BSC	58	59:31
05	VfB Stuttgart	58	55:40
06	Bayer Leverkusen	57	65:44
07	Borussia Dortmund	55	47:44

08	Hamburger SV	51	55:50
09	VfL Wolfsburg	48	49:51
10	Hannover 96	45	34:37
11	FSV Mainz 05	43	50:55
12	1. FC Kaiserslautern	42	43:52
13	Arminia Bielefeld	40	37:49
14	1. FC Nürnberg	38	55:63
15	Borussia Mönchengladbach	36	35:51
16	VfL Bochum	35	47:68
17	Hansa Rostock	30	31:65
18	SC Freiburg	18	30:75

2005/2006

Platz	Verein	Punkte	Tore
01	Bayern München	75	67:32
02	Werder Bremen	70	79:37
03	Hamburger SV	68	53:30
04	FC Schalke 04	61	47:31
05	Bayer Leverkusen	52	64:49
06	Hertha BSC	48	52:48
07	Borussia Dortmund	46	45:42
08	1. FC Nürnberg	44	49:51
09	VfB Stuttgart	43	37:39
10	Borussia Mönchengladbach	42	42:50
11	FSV Mainz 05	38	47:48
12	Hannover 96	38	43:47
13	Arminia Bielefeld	37	30:47
14	Eintracht Frankfurt	36	42:51
15	VfL Wolfsburg	34	33:55
16	1. FC Kaiserslautern	33	47:71
17	1. FC Köln	30	49:71
18	MSV Duisburg	27	34:63

2006/2007

Platz	Verein	Punkte	Tore
01	VfB Stuttgart	70	61:37
02	FC Schalke 04	68	53:32
03	Werder Bremen	66	76:40

04	Bayern München	60	55:40
05	Bayer Leverkusen	51	54:49
06	Hertha BSC	48	43:32
07	Hamburger SV	45	43:37
08	VfL Bochum	45	49:50
09	Borussia Dortmund	44	41:43
10	Hertha BSC	44	50:55
11	Hannover 96	44	41:50
12	Arminia Bielefeld	42	47:49
13	Energie Cottbus	41	38:49
14	Eintracht Frankfurt	40	46:58
15	VfL Wolfsburg	37	37:45
16	FSV Mainz 05	34	34:57
17	Alemannia Aachen	34	46:70
18	Borussia Mönchengladbach	26	23:44

2007/2008

Platz	Verein	Punkte	Tore
01	Bayern München	76	68:21
02	Werder Bremen	66	75:45
03	FC Schalke 04	64	55:32
04	Hamburger SV	54	47:26
05	VfL Wolfsburg	54	58:46
06	VfB Stuttgart	52	57:57
07	Bayer Leverkusen	51	57:40
08	Hannover 96	49	54:56
09	Eintracht Frankfurt	46	43:50
10	Hertha BSC	44	39:44
11	Karlsruher SC	43	38:53
12	VfL Bochum	41	48:54
13	Borussia Dortmund	40	50:62
14	Energie Cottbus	36	35:56
15	Arminia Bielefeld	34	35:60
16	1. FC Nürnberg	31	35:51
17	Hansa Rostock	30	30:52
18	MSV Duisburg	29	36:55

2008/2009

Platz	Verein	Punkte	Tore
01	VfL Wolfsburg	69	80:41
02	Bayern München	67	71:42
03	VfB Stuttgart	64	63:43
04	Hertha BSC	63	48:41
05	Hamburger SV	61	49:47
06	Borussia Dortmund	59	60:37
07	1899 Hoffenheim	55	63:49
08	FC Schalke 04	50	47:35
09	Bayer Leverkusen	49	59:64
10	Werder Bremen	45	64:50
11	Hannover 96	40	49:69
12	1. FC Köln	39	35:50
13	Eintracht Frankfurt	33	39:60
14	VfL Bochum	32	39:55
15	Borussia Mönchengladbach	31	39:62
16	Energie Cottbus	30	30:57
17	Karlsruher SC	29	30:54
18	Arminia Bielefeld	28	29:56

2009/2010

Platz	Verein	Punkte	Tore
01	Bayern München	70	72:31
02	FC Schalke 04	65	53:31
03	Werder Bremen	61	71:40
04	Bayer Leverkusen	59	65:38
05	Borussia Dortmund	57	54:42
06	VfB Stuttgart	55	51:41
07	Hamburger SV	52	56:41
08	VfL Wolfsburg	50	64:58
09	1. FSV Mainz 05	47	36:42
10	Eintracht Frankfurt	46	47:54
11	1899 Hoffenheim	42	44:52
12	Borussia Mönchengladbach	39	43:60
13	1. FC Köln	38	33:42
14	SC Freiburg	35	35:59
15	Hannover 96	33	43:67

16	1. FC Nürnberg	31	32:58
17	VfL Bochum	28	33:64
18	Hertha BSC	24	34:56

2010/2011

Platz	Verein	Punkte	Tore
01	Borussia Dortmund	75	67:22
02	Bayer Leverkusen	68	64:44
03	Bayern München	65	81:40
04	Hannover 96	60	49:45
05	1. FSV Mainz 05	58	52:39
06	1. FC Nürnberg	47	47:45
07	1. FC Kaiserslautern	46	48:51
08	Hamburger SV	45	46:52
09	SC Freiburg	44	41:50
10	1. FC Köln	44	47:62
11	1899 Hoffenheim	43	50:50
12	VfB Stuttgart	42	60:59
13	Werder Bremen	41	47:61
14	FC Schalke 04	40	38:44
15	VfL Wolfsburg	38	43:48
16	Borussia Mönchengladbach	36	48:65
17	Eintracht Frankfurt	34	31:49
18	FC St. Pauli	29	35:68

2011/2012

Platz	Verein	Punkte	Tore
01	Borussia Dortmund	81	80:25
02	Bayern München	73	77:22
03	FC Schalke 04	64	74:44
04	Borussia Mönchengladbach	60	49:24
05	Bayer Leverkusen	54	52:44
06	VfB Stuttgart	53	63:46
07	Hannover 96	48	41:45
08	VfL Wolfsburg	44	47:60
09	Werder Bremen	42	49:58
10	1. FC Nürnberg	42	38:49
11	1899 Hoffenheim	41	41:47

12	SC Freiburg	40	45:61
13	1. FSV Mainz 05	39	47:51
14	FC Augsburg 1907	38	36:49
15	Hamburger SV	36	35:57
16	Hertha BSC	31	38:64
17	1. FC Köln	30	39:75
18	1. FC Kaiserslautern	23	24:54

Duelle gegen den HSV: In Freundschaft ungeschlagen[58]

Das erste Spiel gegeneinander fand am **17. August 1941** statt. Als regierender deutscher Meister fertigte Rapid den HSV vor 8 000 Zuschauern auf der Pfarrwiese mit 6:1 (3:0) ab. Franz Binder erzielte vier Tore für die Grün-Weißen.

Fast genau zehn Jahre später kam es zum zweiten – wesentlich härter umkämpften – Duell. Im Rahmen eines Turniers im Wiener Stadion hatte Rapid am ersten Tag Werder Bremen mit 4:1 besiegt, die Hamburger gegen Wacker Wien mit 4:2 die Oberhand behalten. Am Tag darauf führte der HSV gegen Rapid nach einer halben Stunde bereits mit 4:1, schließlich setzte sich die Mannschaft um Dienst, Probst, **Hanappi** und die Brüder Körner aber mit 6:5 (3:4) durch.

1975 fand das bisher einzige Match auf deutschem Boden statt. In einem Freundschaftsspiel in Kiel sorgte Verteidiger Egon Pajenk per Kopf nach Vorlage von **Hans Krankl** für den einzigen Treffer zum 1:0-Sieg der Grün-Weißen.

Mehr als vier Jahre später erreichte Rapid im Oktober 1979 im Weststadion gegen den regierenden deutschen Meister, der mit den Stars Kevin Keegan, Horst Hrubesch, Manfred Kaltz und Felix Magath antrat, ein glückliches 1:1 (0:1). Krejcirik erzielte kurz vor Schluss aus einem Elfmeter den Ausgleichstreffer, nachdem Hrubesch die Gäste in Führung gebracht hatte.

In der Vorbereitung auf die neue Saison trafen Rapid und die Hamburger im Juli 1991 in Zell am See aufeinander. Wieder gewannen die Rapidler, diesmal mit 2:1 (1:0) durch Tore von Robert Pecl und Heimo Pfeifenberger. Die bisher letzte Begegnung fand in Vorarlberg statt. Im Rahmen des „Bodensee-Cups" siegte Rapid im Juli 1998 auf der Dornbirner Birkenwiese durch Tore von Marek Penksa und Christian Prosenik mit 2:0 (0:0).

Rapid war gegen den HSV nach sechs freundschaftlichen Aufeinandertreffen ungeschlagen. Am Donnerstag (19.00 Uhr) kam es im Ernst-Happel-Stadion zum ersten Pflichtspiel zwischen den beiden Clubs. Und Rapid bekam prominente Unterstützung. „Wer Aston Villa eliminiert, kann auch gegen diesen deutschen Kultklub gewinnen", meinte etwa Teamcoach Dietmar Constantini.

Spiele gegen den Hamburger SV (allesamt Freundschaftsspiele):

Bilanz: 6 Spiele / 5 Siege / 1 Remis / 0 Niederlagen / Tore: 18:8

Freundschaftsspiel, 17. August 1941

Rapid–HSV 6:1 (3:0)
Pfarrwiese, 8.000 Zuschauer, Schiedsrichter Beranek
Tore: 1:0 (16.) Binder, 2:0 Holec, 3:0 (42.) Schors, 4:0 (Freistoß) Binder, 4:1 (53.) Waak, 5:1 (75.) Binder, 6:1 (83.) Binder
Rapid: Raftl; Wagner II, Smutny; Wagner I, Gebhardt, Skoumal; Fitz, Schors, Binder, Holec, Pesser
HSV: Schicker; Dörfel, Danek; Spundflasche, E. Seeler, Dierksen; Buxmeier, Rohwedder, Adamkiewic (Waak), Feltz, Melkonian

---

[58] Entnommen aus: www.rapidwien.at.

Turnier, 19. August 1951

Rapid–HSV 6:5 (3:4)
Praterstadion, 25.000 Zuschauer, Schiedsrichter Beranek
Tore: Probst (2), Dienst (2), R. Körner, Gernhardt; Wojtkowiak (2), Schemel (2), Ebeling
Rapid: Musil (Zeman); Merkel, Gernhardt; Müller, Hanappi, Golobic; R. Körner, Riegler, Dienst, Probst, A. Körner
HSV: Globisch; Börner, Laband; Meinke, Posipal, Spundflasche; Krüger, Schemel (Kledde), Harder, Wojtkowiak, Klepacz (Ebeling)

Freundschaftsspiel, 21. Januar 1975

HSV–Rapid 0:1 (0:0)
Kiel, 8000 Zuschauer
Tor: 0:1 (71.) Pajenk
Rapid: Maurer; Krause, Hof, Pajenk, Scheffl; Ritter, Starek, Walzer; Gronen, Krankl, Schlagbauer

Freundschaftsspiel, 10. Oktober 1979

Rapid–Hamburger SV 1:1 (0:1)
Weststadion, 6000 Zuschauer, Schiedsrichter Fahnler
Tore: 0:1 (30.) Hrubesch, 1:1 (89., Elfmeter) Krejcirik
Rapid: Feurer; Krauss (45. Hofmann), Persidis (62. Sallmayer), Pajenk, Lefor; R. Kienast, Garger, Happich (45. Weiss), Pregesbauer (80. Wrehsnig); Krejcirik, Keglevits
HSV: Kargus; Nogly, Kaltz, Jakobs, Buljan; Hartwig, Magath, Keegan; Reimann, Hrubesch, Plücken

Trainingslager, 9. Juli 1991

Rapid–HSV 2:1 (1:0)
Zell am See, 1500 Zuschauer
Tore: 1:0 (9.) Pecl, 2:0 (73.) Pfeifenberger, 2:1 (74.) Stratos
Rapid: Konsel; Kienast (64. Gager); Salaba, Pecl, Resch; F. Weber, Schöttel, Steiger, Metlitski; Pfeifenberger (74. Baranauskas), Fjörtoft (75. Moitzi)

Bodensee-Cup um Platz 3, 20. Juli 1998

Rapid–HSV 2:0 (0:0)
Dornbirn, 3000 Zuschauer
Tore: 1:0 (52.) Penksa, 2:0 (88.) Prosenik
Rapid: Maier; Schöttel, Hatz, Zingler; Saler (46. Wimmer), Heraf (46. Freund), Prosenik, Wetl (46. M. Wagner), Pürk (46. Vier); Penksa (77. Jovanovic), R. Wagner

Linktipp:

http://www.skrapid.at/9610+M5bc02bbd48c.html

(gp/chb)

Otto Harder

Der HSV ist der erste deutsche Profiverein, der seine Vergangenheit aufgearbeitet und ein Museum eingerichtet hat. Ein umstrittener Spieler war Otto „Tull" Harder, dem im HSV-Museum eine eigene Abteilung zugedacht ist. Der folgende Abschnitt stammt aus Wikipedia, der freien Enzyklopädie, und zwar in der von dem Verfasser selbst nachgebesserten Version.

Otto Fritz („Tull") Harder (* 25. November 1892 in Braunschweig; † 4. März 1956 in Hamburg) war ein deutscher Fußballspieler und Aufseher in verschiedenen Konzentrationslagern.

Leben

Fußballspieler

Otto Harder begann seine fußballerische Karriere im Alter von 16 Jahren bei Hohenzollern Braunschweig. Zuvor hatte er sich, wie auch Adolf Jäger vom Altonaer FC von 1893, eher zur Leichtathletik hingezogen gefühlt. Bereits nach einem Jahr wechselte Harder zu Eintracht Braunschweig. 1911 kam Harder anlässlich des Gastspiels der englischen Profimannschaft Tottenham Hotspur zu dem Spitznamen „Tull", wie der Engländer Walter Daniel Tull hieß, ein dem 1,90 m großen Harder in der Statur ähnlicher Schwarzer (der erste schwarze Feldspieler im britischen Profifußball).[1] Im Frühjahr 1912 wechselte „Tull" Harder erstmals (aber nur für kurze Zeit) zum Hamburger FC 1888, aus dem 1919 der Hamburger SV hervorgehen sollte. Fans der „Eintracht" wollten Harder gewaltsam an der Fahrt nach Hamburg hindern, dieser jedoch hatte Wind von der Aktion bekommen und stieg in

Tull Harder (links) mit Asbjørn „Assi" Halvorsen. HSV-Museum. Foto: Blazek

Peine in den Zug. Schließlich spielte Harder doch noch ein weiteres Jahr in Braunschweig und ging erst danach zum HFC 1888. Otto Harder leistete Kriegsdienst im Ersten Weltkrieg und erhielt das Eiserne Kreuz erster und zweiter Klasse. Ein Fußball-Teamfoto aus dem Jahr 1917 zeigt ihn als Gastspieler des Stettiner SC.[2]

Nach der Gründung des Hamburger SV gehörte Harder zu jenen Spielern, die am Endspiel zur Meisterschaft 1922 teilnahmen. 1923 wurde Harder zum ersten Mal offiziell Deutscher Meister mit dem Hamburger SV, 1928, mit 36 Jahren, gewann er seinen zweiten Meistertitel und stellte dabei einen Rekord auf, als er in der „Alsterstaffel" (Name der Liga) im Treffen mit dem Wandsbeker FC 12 Tore erzielte[3]. Trotzdem nahm Reichstrainer Otto Nerz Harder nicht mit zu den Olympischen Spielen, die damals noch den Status einer Weltmeisterschaft hatten. Insgesamt kam Harder von 1914 bis 1926 auf 15 Länderspiele, in denen er 14 Treffer erzielte. In seinen letzten fünf Länderspielen war er Kapitän der Nationalmannschaft und schoss insgesamt zehn Tore. 1929 gewann der Hamburger SV ein Duell mit Penarol Montevideo, fast identisch mit der Olympiasieger-mannschaft von 1924, mit 4:2. Harder schoss alle vier Treffer. Im Januar 1931 wechselte Harder zum SC Victoria Hamburg, um zwei Jahre später, mit 41 Jahren, angeblich noch ein kurzes Gastspiel beim VfB Kiel zu geben[4] und dann endgültig seine Karriere zu beenden.

Harders fußballerische Stärke waren seine berühmten Alleingänge. *„Wenn spielt der Harder Tull, dann heißt es drei zu null…"* sang man in den Hamburger Kabaretts – ein Lied, das es auch auf Schallplatte gab. Seine Karriere war 1927 Anlass für den Stummfilm *„Der König der Mittelstürmer"* mit Paul Richter als *„Tull Harper"* (sic!) und Aud Egede Nissen in den Hauptrollen. Der ehemalige Hauptschriftleiter des Kicker-Sportmagazin, Friedebert Becker, charakterisierte Harders Stil, wie folgt: *„Gerade heute im Zeitalter des WM-Systems weiß man, daß es mit Laufen und Schießen nicht mehr ganz getan ist. Harder war … ein Techniker erster Klasse, aber sein Stil brauchte die Technik, die sich namentlich im ungeheuer sicheren Ballführen, klarem Schießen und Köpfen auswirkte, nicht zum Schnörkeln. Sie war ihm zur Voraussetzung seiner ureigensten Art mit einer beispiellosen Sicherheit und Kraft, mit einem selten gesehenen explosiven Start auf dem kürzesten Weg auf das Tor zuzusteuern, gegeben. Tull Harder zerbrach sich nicht den Kopf, wie man eine Aktion anlegen konnte, sondern er handelte sofort. Adolf Jäger führte seine Elf mit Raffinesse, wie Schachfiguren, Harder dagegen bot, so schnell wie es ging, Schach!"*

Kriegsverbrecher

Harder wurde 1932 Mitglied der NSDAP und trat 1933 in die SS ein.[5] Nach seiner Einberufung zur Waffen-SS wurde er ab Ende August 1939 Wachmann im KZ Sachsenhausen in Oranienburg. Von November 1939 bis zum Frühjahr 1940 war er zunächst bei der Wachmannschaft und ab April 1940 in der Lagerverwaltung des KZ Neuengamme in Hamburg. Seit August 1944 war Harder als SS-Hauptscharführer Kommandant des KZ Hannover-Ahlem.[5] Am 30. Januar 1945 erfolgte noch seine Beförderung zum SS-Untersturmführer. Ein britisches Militärgericht verurteilte ihn im Rahmen der Curiohaus-Prozesse am 16. Mai 1947 als Kriegsverbrecher zu 15 Jahren Zuchthaus, die später auf zehn Jahre Haft reduziert wurden. Während der Verhandlung distanzierte er sich nicht vom Nationalsozialismus und bekannte sich „nicht schuldig".

Der Hamburger SV schloss sein Mitglied vorübergehend aus. Bereits Weihnachten 1951 wurde Harder vorzeitig aus dem Zuchthaus Werl in Westfalen entlassen. Bei seiner Rückkehr wurde Harder „vom HSV und seinen Anhängern frenetisch gefeiert"[6]. Otto Harder starb am 4. März 1956 im Alter von 63 Jahren. Am Begräbnis nahmen zahlreiche Vereinsvertreter des Hamburger SV teil, und Jugendspieler des Vereins bildeten eine Ehrenwache[6]. Anlässlich der Fußball-Weltmeisterschaft 1974 gab der Hamburger Senat eine Broschüre heraus, in der Tull Harder genannt werden sollte; die entsprechende Seite ließ man allerdings vor der Veröffentlichung aus der gesamten Auflage entfernen.

Literatur

- Arthur Heinrich: „Tull Harder – Eine Karriere in Deutschland." In: *Gewerkschaftliche Monatshefte 7/1996* (PDF-Datei, 122 kB).
- Roger Repplinger: *Leg dich, Zigeuner. Die Geschichte von Johann Trollmann und Tull Harder*. München: Piper 2008, ISBN 3-492-04902-8

Einzelnachweise

1. So eine Legende; „Tull" oder „Tulle" waren aber auch gängige plattdeutsche Verniedlichungsformen des Vornamens Otto. „1912" kann nicht stimmen, da Walter Tull zu dem Zeitpunkt bei Northampton Town spielte. Im Mai 1911 allerdings *hatte* Tottenham in Braunschweig gespielt.
2. Traditionsgemeinschaft pommerscher Turn- und Sportvereine: *Pommern am Ball*, Hamburg 1970, im Anhang.
3. Nach anderen Quellen elf (so Prüß/Irle, *Tore Punkte, Spieler. Die komplette HSV-Statistik*, Hamburg 2008, S. 35) oder zehn. Ob es sich um einen Weltrekord gehandelt hat oder noch handelt, ist unbekannt.
4. Siehe Jubiläumsschrift des VfB Kiel, daselbst 2010; möglicherweise ein Irrtum.
5. [a][b] Ernst Klee: *Das Kulturlexikon zum Dritten Reich. Wer war was vor und nach 1945*. S. Fischer, Frankfurt am Main 2007, S. 216.
6. [a][b] Nils Havemann: „Fußball unterm Hakenkreuz – der DFB zwischen Sport, Politik und Kommerz", Campus Verlag, Frankfurt/Main 2005 ISBN 3-593-37906-6, S. 303.

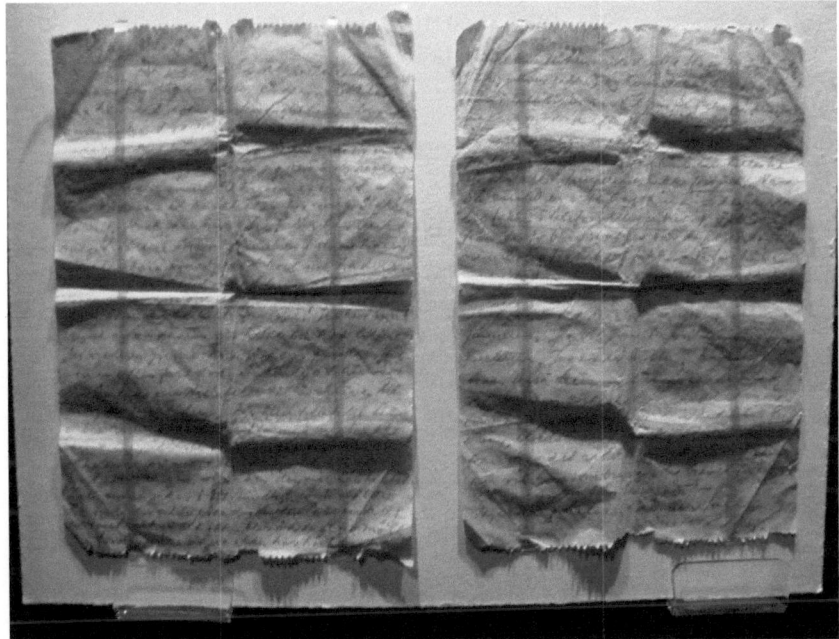

Jahrelang spielten Asbjørn „Assi" Halvorsen und Otto „Tull" Harder gemeinsam beim HSV, wurden zweimal Deutscher Fußball-Meister. 1933 trennten sich ihre Wege. Halvorsen, 1921 bis 1933 Spieler beim HSV und 1942 als Regimegegner ins KZ Natzweiler verschleppt, wurde 1945 von dort befreit, SS-Untersturmführer und KZ-Lagerführer Harder 1947 als Kriegsverbrecher verurteilt. Ein Zeitzeugnis an die Verbindung zweier ungleicher Menschen im HSV-Museum. Foto: Blazek

Der HSV auf einem Blick:

Anschrift:

Hamburger SV
Sylvesterallee 7
22525 Hamburg

Telefon: 01805/478478
Fax: 040/4155-1234
Homepage: www.hsv.de

Stadion: HSH Nordbank-Arena (ehemals Volksparkstadion)

Vereinsfarben: Blau-Weiß-Schwarz

Gegründet: Am 29. September 1887 wurde der erste von drei Sportvereinen gegründet, der „Sport-Club Germania". Am 1. Juni 1888 wurde der zweite Verein gegründet: der „Hamburger Fußball-Club von 1888". Zuletzt wurde am 6. März 1906 der dritte Sportverein, der „Fußball-Club Falke", gegründet. Diese drei Vereine vereinigten sich am 2. Juni 1919 zum Hamburger Sportverein.

Gewonnene Titel:

Deutscher Meister: 1923, 1928, 1960, 1979, 1982, 1983
Deutscher Pokalsieger: 1963, 1976, 1987
Europapokalsieger der Pokalsieger: 1977
Ligapokalsieger: 1973, 2003
Europapokalsieger der Landesmeister: 1983

Höchster Heimsieg: HSV – Karlsruher SC 8:0   (12.02.1966)

Höchster Auswärtssieg: Düsseldorf – HSV 6:0   (07.09.1982)

Höchste Heimniederlage: HSV – Bayern 0:5   (05.04.1974)

Höchste Auswärtsniederlage: München 1860 – HSV 2:9 (07.03.1964)

Die meisten Pflichtspieleinsätze für den HSV hat **Manfred Kaltz** absolviert (744), davon 581 in der Bundesliga (= Platz 2 hinter Karl-Heinz Körbel von Eintracht Frankfurt), er spielte **20** Jahre für den HSV, absolvierte 69 Länderspiele und war Erfinder der „Bananenflanke" (im Zusammenspiel mit dem Kopfballungeheuer Hrubesch: „Manni Banane, ich Kopf, Tor").

Außerdem ist auf die **507** Pflichtspieltreffer von **Uwe Seeler** zu verweisen. Seeler verzichtete im Übrigen 1961 darauf, zu Inter Mailand zu wechseln. Der Verleib war ihm wichtiger als das große Geld.

DER VERFASSER

Matthias Blazek

Heimatkundler.

Veröffentlichungen:

Dörfer im Schatten der Müggenburg, 1997.
L'Histoire des Sapeurs-Pompiers de Fontainebleau, 1999.
Ahnsbeck, 2003.
75 Jahre Sportverein Nienhagen von 1928 e.V., 2003.
Dorfgeschichte Wiedenrode, 2004.
Die Geschichte der Bezirksregierung Hannover im Spiegel der Verwaltungsreformen, 2004.
Dorfchronik Nienhof, 2005.
Schillerslage, 2005.
75 Jahre Ortsfeuerwehr Wienhausen, 2005.
Hexenprozesse – Galgenberge – Hinrichtungen – Kriminaljustiz im Fürstentum Lüneburg und im Königreich Hannover, 2006.
Das niedersächsische Bandkompendium 1963-2003, 2006.
Das Löschwesen im Bereich des ehemaligen Fürstentums Lüneburg von den Anfängen bis 1900, 2006.
Das Kurfürstentum Hannover und die Jahre der Fremdherrschaft 1803-1813, 2007.
75 Jahre Niedersächsische Landesfeuerwehrschule Celle 1931-2006, 2007.
Celle – Neu entdeckt, 2007.
Geschichten und Ereignisse um die Celler Neustadt, 2008.
Die Hinrichtungsstätte des Amtes Meinersen, 2008.
Haarmann und Grans – Der Fall, die Beteiligten und die Presseberichterstattung, 2009.
Carl Großmann und Friedrich Schumann – Zwei Serienmörder in den zwanziger Jahren, 2009.
Helmerkamp – unser Dorf, 2009.
Unter dem Hakenkreuz: Die deutschen Feuerwehren 1933-1945, 2009.
Wathlingen – Geschichte eines niedersächsischen Dorfes, Band 3, 2009.
100 Jahre Musikzug der Freiwilligen Feuerwehr Eldingen 1910-2010, 2010.
Scharfrichter in Preußen und im Deutschen Reich 1866-1945, 2010.
Die Geschichte des Feuerwehrwesens im Landkreis Celle, 2010.
Im Schatten des Klosters Wienhausen – Dörfliche Entstehung und Entwicklung im Flotwedel, ausgeführt und erläutert am Beispiel der Ortschaften Bockelskamp und Flackenhorst, 2010.
Die Geschichte der Grund- und Hauptschule Neustadt 1885-2010, 2010.
40 Jahre Kindergarten in Großmoor, 2010.
Die Anfänge des Celler Landgestüts und des Celler Zuchthauses sowie weiterer Einrichtungen im Kurfürstentum und Königreich Hannover 1692-1866, 2011.
Die Grafschaft Schaumburg 1647-1977, 2011.
Die Brüder Wilhelm und Friedrich Reindel – Scharfrichter im Dienste des Norddeutschen Bundes und Seiner Majestät 1843-1898, 2011.
Westpreußen – Das Land an der unteren Weichsel, 2012.
Die Schlacht bei Trautenau 1866, 2012.

Zahlreiche weitere Aufsätze und Quellenveröffentlichungen zur niedersächsischen Landesgeschichte.

Ortsregister

ibidem
Verlag

Matthias Blazek

Die Schlacht bei Trautenau
Der einzige Sieg Österreichs im Deutschen Krieg 1866

ISBN 978-3-8382-0367-6
104 Seiten, Paperback. 16,90 €

Das einzige siegreiche Gefecht der österreichischen Truppen gegen Preußen im Deutschen Krieg von 1866 fand am 27. Juni 1866 in Trautenau (Trutnov) im Riesengebirge statt: Die Schlacht von Trautenau (Bitva u Trutnova).

Nach einem überraschenden Angriff des österreichischen X. Korps unter Feldmarschallleutnant Ludwig von Gablenz zwang Adolf von Bonin, kommandierender General des preußischen I. Korps, die österreichischen Truppen zum Rückzug. In der Folge irrte von Bonin aber darin, damit sei die Schlacht gewonnen, und zog seine Truppen weiter. Als die österreichischen Truppen kurz darauf erneut von den Flanken angriffen, schlugen sie die Preußen daher trotz hoher eigener Verluste in die Flucht und entschieden so die einzige Schlacht im Deutschen Krieg für sich.

Bereits am folgenden Tag jedoch schlugen die preußischen Truppen zurück: Im Gefecht von Burkersdorf am 28. Juni 1866 wurde das österreichische X. Korps nahezu vollständig aufgerieben. Am 3. Juli 1866 schließlich erfolgte der entscheidende Sieg Preußens gegen Österreich in der Schlacht von Königgrätz.

Wie kein Zweiter vermag Matthias Blazek Geschichte für jedermann erlebbar zu machen und den Leser in seinen Bann zu schlagen. In diesem Werk zeichnet er anhand zahlreicher zeitgenössischer Dokumente die Vorgänge minutiös nach. Plastisch und spannend schildert Blazek preußische Landesgeschichte, flankiert von zahlreichen, bislang weitgehend unbekannten historischen Fotografien, Illustrationen und Faksimiles.

Bestellen Sie per Fax: 0511 26 222 01 | telefonisch: 0511 26 222 00 | online: www.ibidem-verlag.de
in Ihrer Buchhandlung

ibidem
Verlag

Matthias Blazek
Westpreußen
Das Land an der unteren Weichsel

ISBN 978-3-8382-0357-7
154 Seiten, Paperback. 18,90 €

Westpreußen ist das Land beiderseits der unteren Weichsel. Es wurde im 13. und 14. Jahrhundert vom Deutschen Orden erschlossen, der Burgen errichtete sowie Städte und Dörfer gründete, und entstand aus preußischen und pommerellischen Landschaften und Herrschaftsgebieten. Von 1815 bis 1918 war es eine preußische Provinz. 1919 wurde es zum größten Teil Polen zugeschlagen. In der Naziherrschaft bestand von 1939 bis 1945 der Reichsgau Danzig-Westpreußen, und seit 1945 schließlich ist der Landstrich ein Teil Polens.

Warum dieser doch so östlich gelegene Landstrich der preußischen Monarchie gerade Westpreußen heißt? Das liegt darin begründet, dass das Land weitgehend identisch ist mit der Westregion des auf altpreußischem Gebiet entstandenen Deutschordensstaates, die dieser 1466 im Zweiten Frieden von Thorn ebenso wie das Ermland und die Pommerellen abgeben musste.

Wie kein Zweiter vermag Matthias Blazek Geschichte für jedermann erlebbar zu machen und den Leser in seinen Bann zu schlagen. Plastisch und spannend schildert er preußische Landesgeschichte, flankiert von zahlreichen, bislang weitgehend unveröffentlichten historischen Fotos, Illustrationen und Faksimiles, und legt so ein neues Buch vor, das sich an jeden wendet, der an deutscher Geschichte interessiert ist.

Bestellen Sie per Fax: 0511 26 222 01 | telefonisch: 0511 26 222 00 | online: www.ibidem-verlag.de
in Ihrer Buchhandlung

ibidem
Verlag

Matthias Blazek

Unter dem Hakenkreuz

Die deutschen Feuerwehren 1933-1945

ISBN 978-3-89821-997-6
154 Seiten, Paperback. € 15,90

In seinem jüngsten Werk wendet sich der Journalist und Historiker Matthias Blazek der Geschichte des Feuerwehrwesens in Deutschland zu, und zwar speziell in den Jahren der nationalsozialistischen Herrschaft 1933-1945. Mit der Machtergreifung der Nationalsozialisten startete die Gleichschaltung der Behörden und Einrichtungen. Ein erster Schritt, die Feuerwehren einzugliedern, war das preußische Feuerlöschgesetz von 1933. Die Feuerwehren unterstanden nun nicht mehr der gemeindlichen Aufsicht, sondern den Polizeiaufsichtsbehörden. In den folgenden Jahren wurde das Gesetz auf das gesamte Reich übertragen. Demokratisch denkende Führungskräfte wurden sukzessive gegen Parteitreue ausgetauscht. Einheitliche Satzungen bildeten die Rechtsgrundlage, die keine Ausnahmen mehr zuließ. Gegen Ende des Zweiten Weltkriegs wurden die freiwilligen Feuerwehren Deutschlands dem SS-Strafgesetz von Heinrich Himmler unterstellt. Matthias Blazek gelingt es in seiner Studie, die wohl schwerste Zeit für die freiwilligen Feuerwehren Deutschlands differenziert zu betrachten. Der Leser erfährt, dass für die jüdischen Mitbürger kein Platz mehr war unter den Freiwilligen der Feuerwehren.

Auch die großen Bombardements, denen Deutschland ab 1940 ausgesetzt war, werden aus Feuerwehrsicht thematisiert. Beispiele aus zahlreichen Ortsfeuerwehren machen die sachliche Analyse anschaulich. Am Ende helfen Orts- und Personenregister dem Forscher auf der Suche nach Fakten.

Dem Journalisten Matthias Blazek, Jahrgang 1966, ist mit diesem Buch ein besonderes Werk gelungen, das das vorhandene Schrifttum über das deutsche Feuerwehrwesen sinnvoll ergänzt. Ein Muss nicht nur für den Feuerwehr-Historiker und aktiven Feuerwehrmann. Dieses Buch spiegelt auch ein Gutteil deutsche Geschichte wider und zeigt auf, wie wichtig die Güter Demokratie, das Recht auf Mitbestimmung und auf freie Meinungsäußerung sind.

Bestellen Sie per Fax: 0511 26 222 01 | telefonisch: 0511 26 222 00 | online: www.ibidem-verlag.de
in Ihrer Buchhandlung

Lesen Sie weiter: Fußball im Blickpunkt

Antje Luz

Fußballgötter und ihre Philosophien

unter besonderer Mitwirkung von Paolo Maldini, Gigi Buffon, Rino Gattuso, Ricky Kaká, Luca Toni, Andreij Schewtschenko, Zlatan Ibrahimovic u.a.

mit einem Vorwort von Jürgen Klinsmann

164 Seiten, mit zahlr. Abb., Paperback. € 19,90
ISBN 978-3-8382-0258-7

Erhältlich in Ihrer Buchhandlung
oder direkt unter www.ibidem-verlag.de

Fußballgötter und ihre Philosophien ist kein Buch über Spieler und Vereine oder die Geschichte des italienischen Fußballs. Es handelt sich ebenso wenig um eine Analyse soziologischer, politischer und wirtschaftlicher Aspekte des Fußballs in Italien. Es ist all das – und noch sehr viel mehr: Es ist ein Buch darüber, was wir von Fußballchampions lernen können, um unsere Ziele leichter zu erreichen und (auch uns selbst) zu übertreffen.

Elf Spitzenspieler, fast alle Weltmeister, sprechen in Einzelinterviews über ihre persönliche Spielphilosophie, die über Talent, Technik und Taktik hinausgeht. Sie sind vor allem deshalb zu den Besten geworden, weil sie mentale Qualitäten entwickelt haben, die im modernen Fußball unverzichtbar sind. Die Philosophien dieser Spieler gelten für den Fußball im Besonderen und können für das Leben im Allgemeinen als Orientierung dienen.

Der Mensch ist, wozu er sich macht. Mit diesem Buch können Sie sich selbst zum Champion machen. Lust, in der Königsklasse des Lebens zu spielen?

Johannes Baumeister

Internet-basiertes Club-TV:
Eine neue Erlösquelle für Fußball-Bundesligavereine?

122 Seiten, Paperback. € 24,90
ISBN 978-3-8382-0119-1

Erhältlich in Ihrer Buchhandlung
oder direkt unter www.ibidem-verlag.de

Immer mehr Vereine der Fußball-Bundesliga haben in den vergangenen Jahren ein eigenes internetbasiertes Club-TV eingeführt. Veränderungen der technologischen, ökonomischen und rechtlichen Rahmenbedingungen haben diese Entwicklung befördert.

Johannes Baumeister geht der Frage nach, inwiefern die einzelnen Club-TV-Modelle als neue Erlösquelle für die jeweiligen Vereine dienen können. Auf Basis einer ausführlichen Literaturanalyse, eines Vergleichs der Club-TV-Angebote in den fünf europäischen Top-Ligen und einer Befragung von zahlreichen Experten analysiert er die verschiedenen Erlösmodelle für Club-TV und zeigt mögliche Wege zur optimalen Ausgestaltung eines Club-TV-Angebots auf.

Während für große Bundesligavereine ein eigenes Club-TV zum Standard gehören sollte, sieht Johannes Baumeister auch für kleinere Clubs mit geringerem finanziellen Spielraum und niedrigerer Fanbasis Ansatzpunkte für ein profitables Club-TV.

Das Buch bietet sowohl Verantwortlichen und Entscheidern in Profisportclubs wertvollen Input für die Konzipierung eines Club-TV als auch Studierenden in den Bereichen Sport- und Medienökonomie interessante Einblicke in Geschäfts- und Erlösmodelle an der Schnittstelle zwischen Profisport und neuen Medien.

Anke König

Fußballregion Rhein-Neckar

Neubau eines Bundesligastadions für die TSG 1899 Hoffenheim
- eine Standortbewertung

370 Seiten, Paperback. € 39,90
ISBN 978-3-8382-0117-7

Erhältlich in Ihrer Buchhandlung
oder direkt unter www.ibidem-verlag.de

Mit der Bekanntmachung des Unternehmers Dietmar Hopp, ein Bundesligastadion als neue Heimspielstätte für die TSG 1899 Hoffenheim errichten zu wollen, begann die Suche nach einem geeigneten Standort innerhalb der Region Rhein-Neckar.
Anke König untersucht in ihrer Studie die Auswirkungen eines Bundesligastadions auf die Umgebung. In einem weiteren Schritt unterzieht sie fünf alternative Stadionstandorte anhand relevanter Kriterien einer objektiven Bewertung. Als Informationsgrundlage dienen ihr dabei mehr als zwanzig Interviews mit den Entscheidungsträgern des Projektes sowie zahlreiche Fachgutachten.
Kernelement der Studie ist ein von König entwickeltes Bewertungsverfahren, das den komplexen Prozess der Standortplanung für ein Fußballstadion durch einen systematischen Aufbau versachlicht und überschaubar macht. Mit seinem umfassenden Kriterienkatalog bietet Königs Verfahren wichtige Entscheidungshilfen für zukünftige Standortentscheidungen bei ähnlichen Infrastrukturprojekten.

Marcus Sommerey

Die Jugendkultur der Ultras

Eine neue Erlösquelle für Fußball- Bundesligavereine?

168 Seiten, Paperback. € 24,90
ISBN 978-3-8382-0051-4

Erhältlich in Ihrer Buchhandlung
oder direkt unter www.ibidem-verlag.de

Mit bunten, spektakulären Choreographien, überdimensionalen Fahnen und Spruchbändern, lautstarken Gesängen und Anfeuerungsrufen, angeführt von einem mit Megaphon ausgestatteten Vorsänger, sind die Ultras ein echter Blickfang und heute in fast jeder Fankurve deutscher Fußballstadien zu finden. Mit den Ultras entstand aber nicht nur eine neue Generation von Fußballfans, sondern auch eine neue Jugendkultur.
In der öffentlichen Wahrnehmung werden Ultras fast immer mit den gewaltbereiten Hooligans gleichgesetzt. Eine solche Pauschalisierung wird der Vielschichtigkeit der Ultras jedoch nicht gerecht. Marcus Sommerey analysiert in seiner Studie die Ultraszene, ihre Zusammensetzung und ihre Attraktivität für die Jugendlichen. Dabei geht er der Frage nach, welche Gefahren derzeit von der Ultrabewegung ausgehen. Der Autor zeichnet ein detailreiches Bild der Ultraszene und gewährt dem Leser so aufschlussreiche Einblicke in die Strukturen einer neuen Jugendkultur.

Christian Keller

Corporate Finance im Profifußball

Erfolgsfaktoren, Strategien und Instrumente für die Finanzierung von Fußballunternehmen

250 Seiten, Paperback. € 29,90

ISBN 3-89821-711-6

Erhältlich in Ihrer Buchhandlung
oder direkt unter www.ibidem-verlag.de

Fußballvereine vergangener Tage haben sich zu Fußballunternehmen entwickelt, die in ihrer ökonomischen Dimension mit mittelständischen Unternehmungen aus klassischen Wirtschaftsbranchen vergleichbar sind. Der Wandel vom gemeinnützigen Verein zum Dienstleister eines kommerzialisierten Fußballmarktes fordert von den Clubs eine grundlegende Neustrukturierung ihrer betriebswirtschaftlichen und organisatorischen Funktionsprozesse.

Offensichtlich verfügen jedoch nur wenige Fußballunternehmen über einen dem Grad der Kommerzialisierung entsprechenden Entwicklungsstand ihrer Steuerungsstrukturen. Meldungen über Liquiditätsdefizite, Verluste oder existenzgefährdende Schuldenstände sind im Profifußball beinahe schon die Regel.

Vor dem Hintergrund dieser evidenten Diskrepanz stellt Christian Keller die Frage nach Erfolgsfaktoren, Strategien und Instrumenten für die Finanzierung von Fußballunternehmen. Die Analyse dieser Problematik gelingt ihm auf beeindruckende Weise. Christian Kellers Studie ist mit dem Otto-Johannsen-Preis der Hochschule Reutlingen für herausragende Forschungsleistungen ausgezeichnet.

Führungskräfte des Profifußballs erhalten wertvollen Input für die systematische, zielorientierte Gestaltung der Corporate Finance in ihren Clubs. Allgemein wendet sich das Buch an Dozenten und Studenten der Sportökonomie und des Sportmanagements sowie der Betriebswirtschaftslehre mit den Schwerpunkten Finanzierung und Unternehmensführung.

Jutta Blume

Revolutionsfußball

266 Seiten, Paperback. € 14,90
ISBN 3-89821-339-4

Erhältlich in Ihrer Buchhandlung
oder direkt unter www.ibidem-verlag.de

Sie hatte noch zu lernen, dass die Stadt ein gefährliches Pflaster für sie geworden war, da sie eine wichtige Waffe niedergelegt hatte: das Wort.

Ein Kriminalfall ohne Verbrechen, eine Revolution ohne Revolutionäre, die Verselbständigung eines Fußballroboterteams, ein vollautomatisches Begräbnis und die Odyssee einer Urne und immer wieder die Sinnlosigkeit des gesprochenen Wortes ? dies sind die Ereignisse oder Nicht-Ereignisse, in die sich eine junge Frau, ein einsamer alter Professor für empirische Sozialforschung in der Physik und leidenschaftlicher Fußballroboterbauer, ein 150-prozentiger Kriminalkommissar, eine Privatdetektivin, die lieber Schriftstellerin geworden wäre und einige andere schräge Figuren verstrickt sehen. Alle sind sie auf ihre Weise isoliert, unverstanden von den anderen, obwohl einige der Worte viel zu viele machen.

ibidem-Verlag

Melchiorstr. 15

D-70439 Stuttgart

info@ibidem-verlag.de

www.ibidem-verlag.de
www.ibidem.eu
www.edition-noema.de
www.autorenbetreuung.de